HMH

expresiones en matemáticas

Dra. Karen C. Fuson

Haz la tarea y recuerda

Grado 1

Volumen 1

This material is based upon work supported by the
National Science Foundation
under Grant Numbers
ESI-9816320, REC-9806020, and RED-935373.

Any opinions, findings, and conclusions, or recommendations expressed in this material are those of the author and do not necessarily reflect the views of the National Science Foundation.

HMH

Printed in the U.S.A.

ISBN 978-1-328-52030-2

9 10 11 12 MP 27 26 25 24

4500883841 A B C D E F G

1-1
Haz la tarea

Nombre ______________________

❶ Escribe cuántos puntos hay. Mira el 5 en cada grupo.

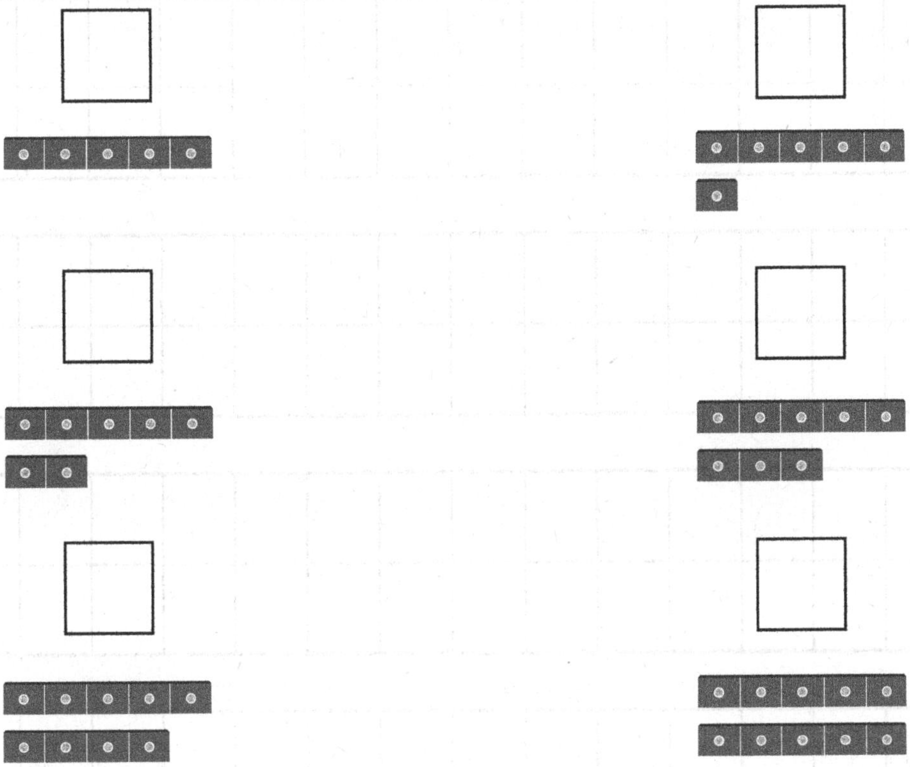

❷ Mira los grupos de 5. Dibuja puntos adicionales para mostrar el número.

9 7 8

❸ Escribe los números del 0 al 10.

0	1	2	3	4	5	6	7	8	9	10

Nombre ____________________

Escribe los números.

1

0	0	0													
0															

2

1	1	1													
1															

3

2	2	2													
2															

4

3	3	3													
3															

5

4	4	4													
4															

6 **Amplía tu razonamiento** Dibuja 2 flores.

1-2
Haz la tarea

Nombre ____________________

Escribe cuántos puntos hay. Mira el 5 en cada grupo.

1
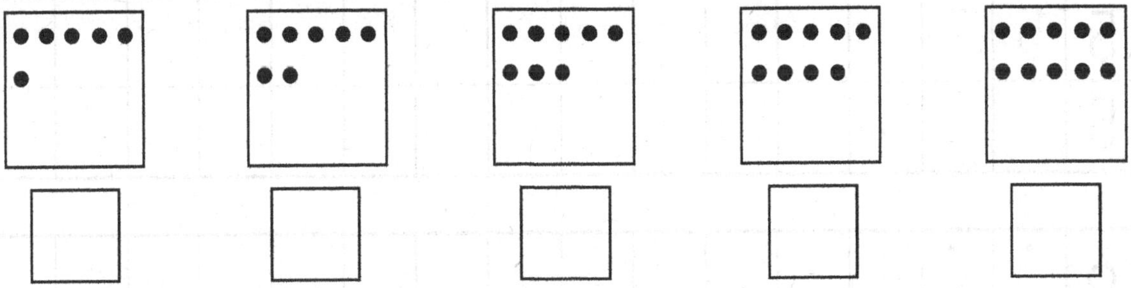

Escribe cuántas hojas hay. Mira el 5 en cada fila.

2 3 4 5 6
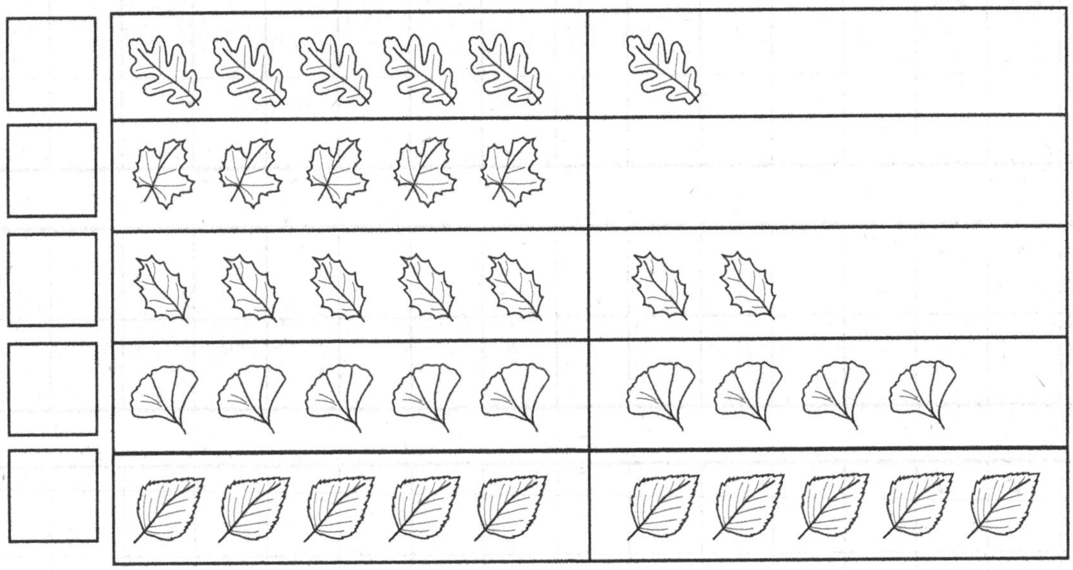

---

7 Escribe los números del 0 al 10.

0	1	2	3	4	5	6	7	8	9	10

8 Explica a tu Ayudante de tareas cómo los grupos de 5 te ayudaron a ver 6, 7, 8, 9, 10.

1-2
Recuerda

Nombre

Escribe los números.

1

5	5	5													
5															

2

6	6	6													
6															

3

7	7	7													
7															

4

8	8	8													
8															

5

9	9	9													
9															

6 **Amplía tu razonamiento** Dibuja 3 gatitos.

1-3 **Haz la tarea**

Nombre ______________________

Escribe las partes.

1

| ● ● ● ● | ○ |

5 = 4 + 1

| ● ● ● | ○ ○ |

5 = ______

| ● ● | ○ ○ ○ |

5 = ______

| ● | ○ ○ ○ ○ |

5 = ______

2

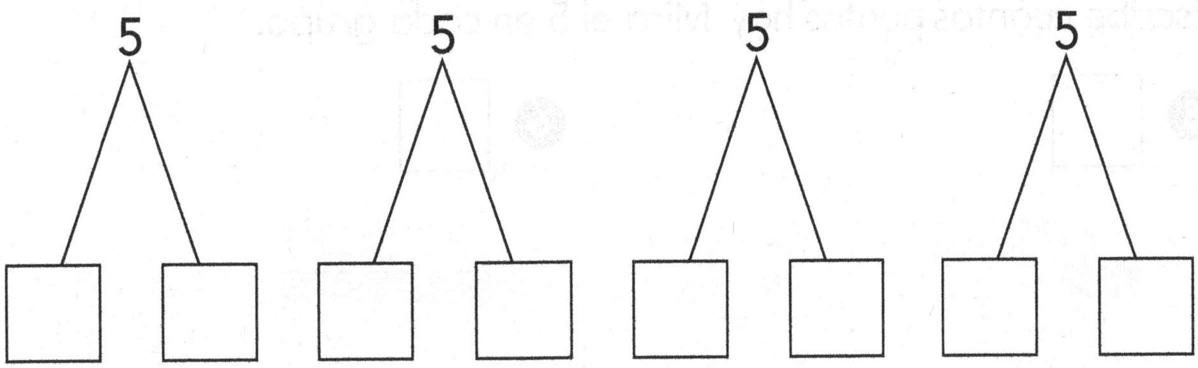

3 Escribe los números.

0	0	0													
0															

1	1	1													
1															

I-3
Recuerda

Nombre ______________________

Escribe cuántos aviones hay. Mira el 5 en cada fila.

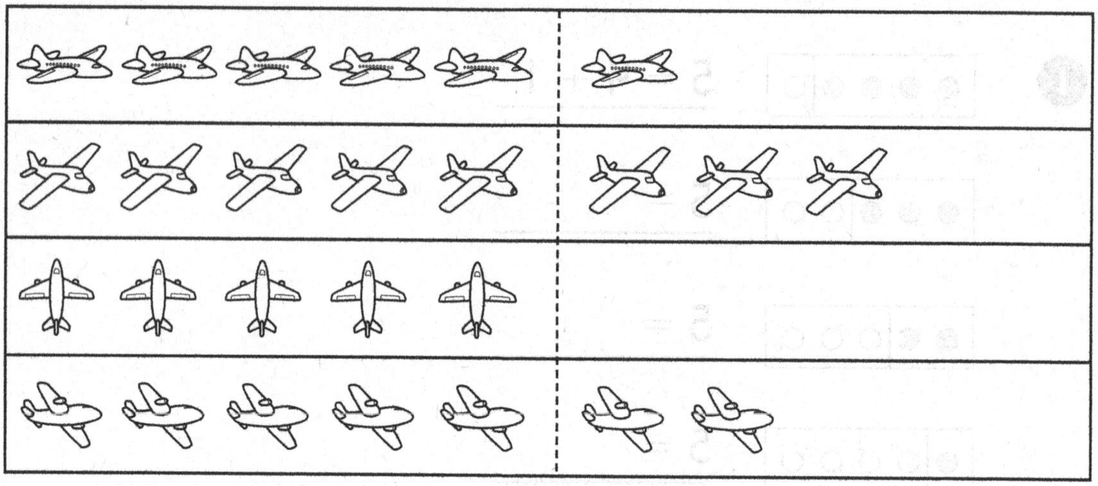

❶ ☐

❷ ☐

❸ ☐

❹ ☐

Escribe cuántos puntos hay. Mira el 5 en cada grupo.

❺ ☐

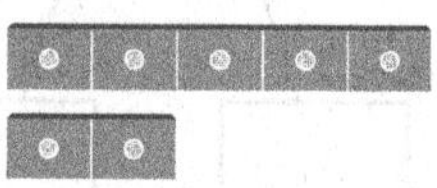

❻ ☐

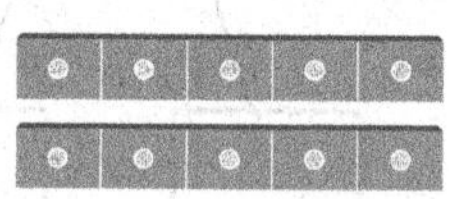

❼ ☐

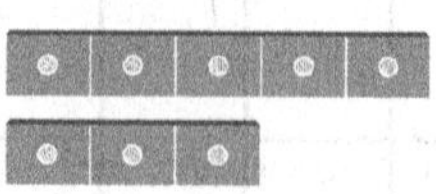

❽ ☐

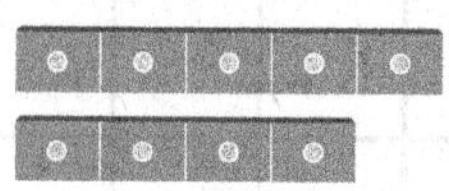

❾ **Amplía tu razonamiento** Dibuja 4 árboles.

1-4
Haz la tarea

Nombre ____________________

1. Muestra y escribe las partes de 6.

○○○○○○	+	6 = ____
○○○○○○	+	6 = ____
○○○○○○	+	6 = ____
○○○○○○	+	6 = ____
○○○○○○	+	6 = ____

2. Escribe las partes de 6.

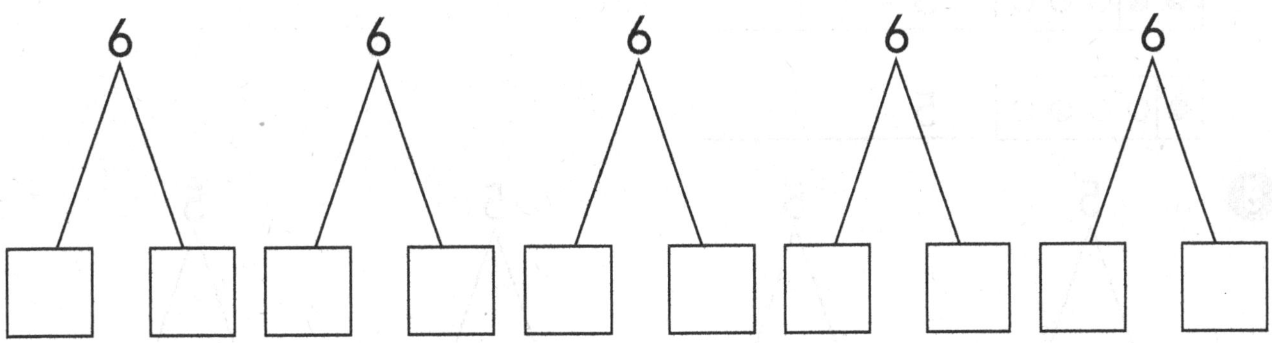

3. Escribe los números.

2	2	2													
2															

3	3	3													
3															

1-4
Recuerda

Nombre ____________________

Escribe cuántos pollos hay. Mira el 5 en cada fila.

❶ ☐
❷ ☐
❸ ☐

Escribe las partes.

❹ ●●●●|○ 5 = 4 + 1

●●●|○○ 5 = ______

●●|○○○ 5 = ______

●|○○○○ 5 = ______

❺

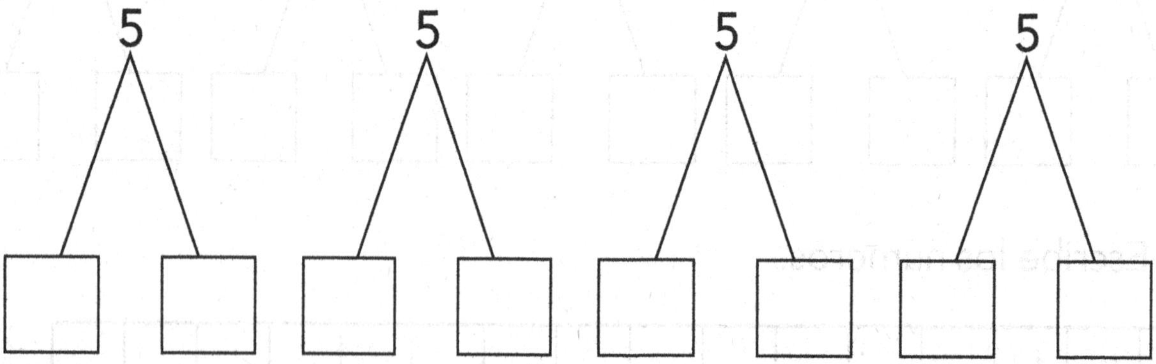

❻ **Amplía tu razonamiento** Dibuja 5 globos.

1-5
Haz la tarea

Nombre ______________________________

Muestra las partes de 7 y cambia las partes.

1. ○○○○○○○ ☐ + ☐ y ☐ + ☐
2. ○○○○○○○ ☐ + ☐ y ☐ + ☐
3. ○○○○○○○ ☐ + ☐ y ☐ + ☐

Escribe las partes y las partes cambiadas.

4. tren de 7

Usa patrones para resolver.

5. 2 + 1 = ☐ 4 + 1 = ☐ 5 + 1 = ☐

6 + 1 = ☐ 1 + 1 = ☐ 3 + 1 = ☐

---

6. 1 + 6 = ☐ 1 + 1 = ☐ 1 + 2 = ☐

1 + 5 = ☐ 1 + 4 = ☐ 1 + 3 = ☐

Escribe los números.

7.

4	4	4													
4															

8.

5	5	5													
5															

Nombre ______________________

Escribe cuántos puntos hay. Mira el 5 en cada grupo.

1

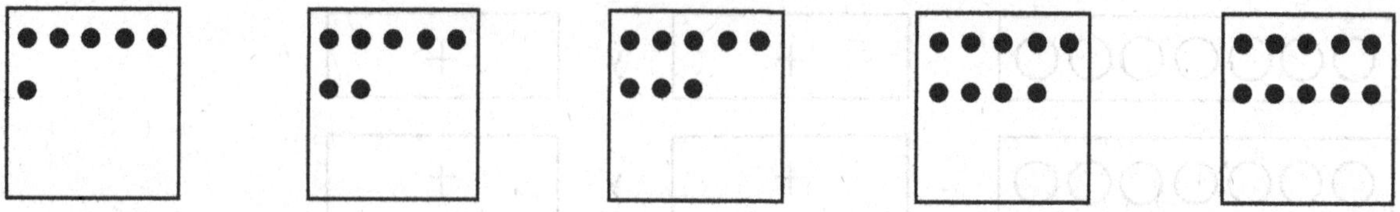

☐ ☐ ☐ ☐ ☐

Muestra y escribe las partes de 6.

2

○○○○○○ ☐ + ☐ 6 = ______

○○○○○○ ☐ + ☐ 6 = ______

○○○○○○ ☐ + ☐ 6 = ______

○○○○○○ ☐ + ☐ 6 = ______

○○○○○○ ☐ + ☐ 6 = ______

Suma.

3 $1 + 0 =$ ☐ $5 + 0 =$ ☐ $3 + 0 =$ ☐

4 $1 + 1 =$ ☐ $2 + 1 =$ ☐ $4 + 1 =$ ☐

5 **Amplía tu razonamiento** Dibuja 6 manzanas. Usa un grupo de 5.

1-6
Haz la tarea

Nombre ______________________

Muestra las partes de 8 y cambia las partes.

1. ○○○○○○○○   ___ + ___ y ___ + ___
2. ○○○○○○○○   ___ + ___ y ___ + ___
3. ○○○○○○○○   ___ + ___ y ___ + ___
4. ○○○○○○○○   ___ + ___ y ___ + ___

Escribe las partes y las partes cambiadas.

5. tren de 8

+	+	+	+
+	+	+	+

Usa patrones para resolver.

6. $8 + 0 = \square$ $5 + 0 = \square$ $0 + 4 = \square$

$0 + 6 = \square$ $0 + 2 = \square$ $0 + 7 = \square$

Escribe los números.

7.

6	6	6													
6															

8.

7	7	7	7	7											
7															

Nombre ______________________________

Escribe cuántos hay de cada alimento. Mira el 5 en cada fila.

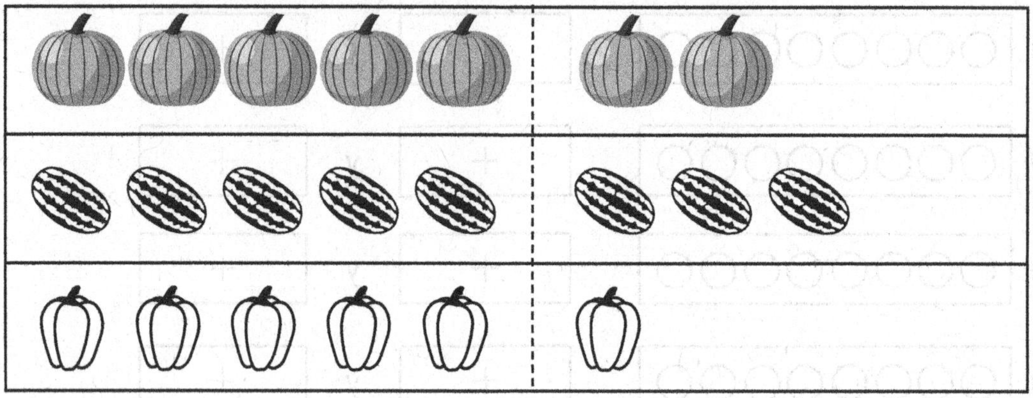

1 ☐

2 ☐

3 ☐

Muestra las partes de 7 y cambia las partes.

4 ○○○○○○○ ☐ + ☐ y ☐ + ☐

5 ○○○○○○○ ☐ + ☐ y ☐ + ☐

6 ○○○○○○○ ☐ + ☐ y ☐ + ☐

7 Escribe las partes y las partes cambiadas.

tren de 7

8 **Amplía tu razonamiento** Dibuja 7 peces. Usa un grupo de 5.

1-7
Haz la tarea

Nombre ______________________________

Muestra las partes de 9 y cambia las partes.

1. ○○○○○○○○○ | ___ + ___ | y | ___ + ___

2. ○○○○○○○○○ | ___ + ___ | y | ___ + ___

3. ○○○○○○○○○ | ___ + ___ | y | ___ + ___

4. ○○○○○○○○○ | ___ + ___ | y | ___ + ___

Escribe las partes y las partes cambiadas.

5. tren de 9

___ + ___	___ + ___	___ + ___	___ + ___
___ + ___	___ + ___	___ + ___	___ + ___

Usa patrones para resolver.

6. 6 − 1 = ☐   7 − 1 = ☐   4 − 1 = ☐

9 − 1 = ☐   5 − 1 = ☐   8 − 1 = ☐

Escribe los números.

7.

8	8	8													
8															

8.

9	9	9													
9															

1-7
Recuerda

Nombre ____________________

Muestra las partes de 8 y cambia las partes.

1 ○○○○○○○○ [+] y [+]

2 ○○○○○○○○ [+] y [+]

3 ○○○○○○○○ [+] y [+]

4 ○○○○○○○○ [+] y [+]

5 Escribe las partes y las partes cambiadas.

tren de 8

Resta.

6 4 − 1 = ☐ 2 − 1 = ☐ 3 − 1 = ☐

7 2 − 2 = ☐ 5 − 2 = ☐ 3 − 2 = ☐

8 **Amplía tu razonamiento** Dibuja 8 insectos. Usa un grupo de 5.

1-8
Haz la tarea

Nombre ______________________

1 Escribe las partes de 10 y las partes cambiadas.

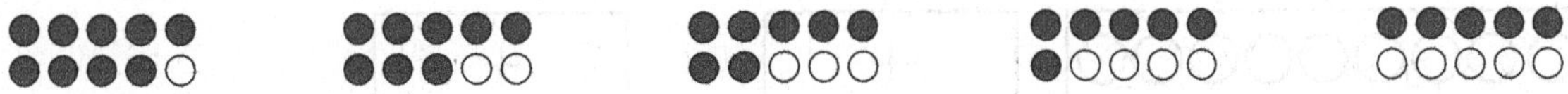

9 + 1	___ + ___	___ + ___	___ + ___	___ + ___
1 + 9	___ + ___	___ + ___	___ + ___	___ + ___

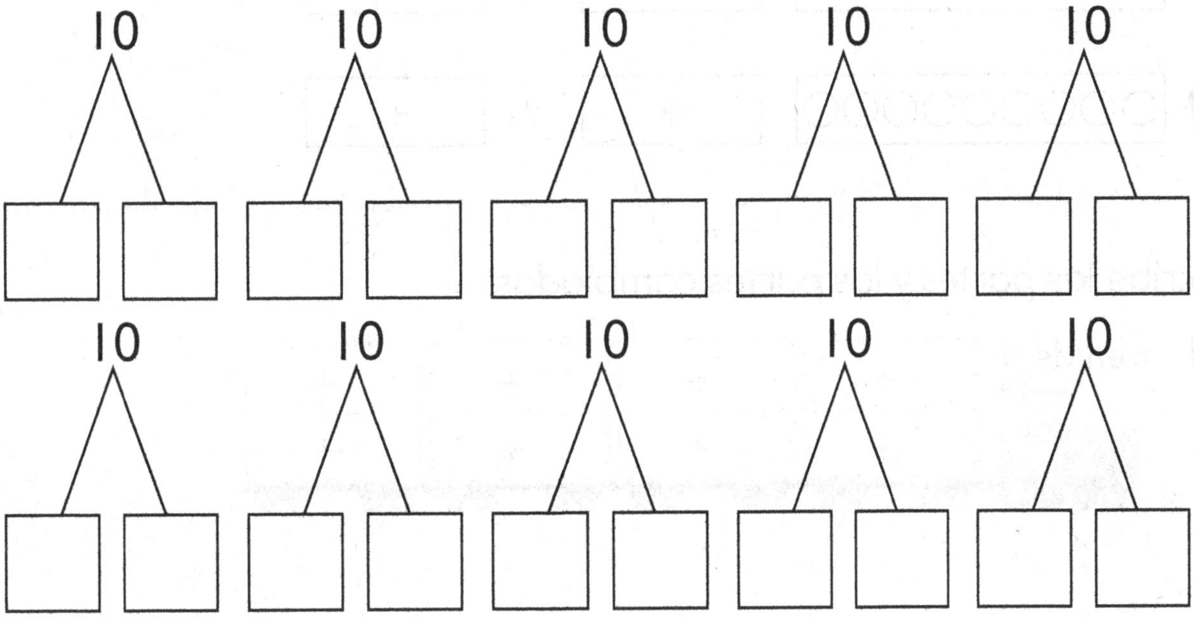

2 Usa patrones para resolver.

7 + 1 = ☐	9 + 1 = ☐	1 + 8 = ☐
10 − 1 = ☐	7 − 1 = ☐	9 − 1 = ☐
9 + 0 = ☐	0 + 10 = ☐	7 + 0 = ☐
8 − 0 = ☐	7 − 0 = ☐	10 − 0 = ☐

Nombre ______________________

Muestra las partes de 9 y cambia las partes.

1. ○○○○○○○○○○ [___ + ___] y [___ + ___]

2. ○○○○○○○○○○ [___ + ___] y [___ + ___]

3. ○○○○○○○○○○ [___ + ___] y [___ + ___]

4. ○○○○○○○○○○ [___ + ___] y [___ + ___]

Escribe las partes y las partes cambiadas.

5. tren de 9

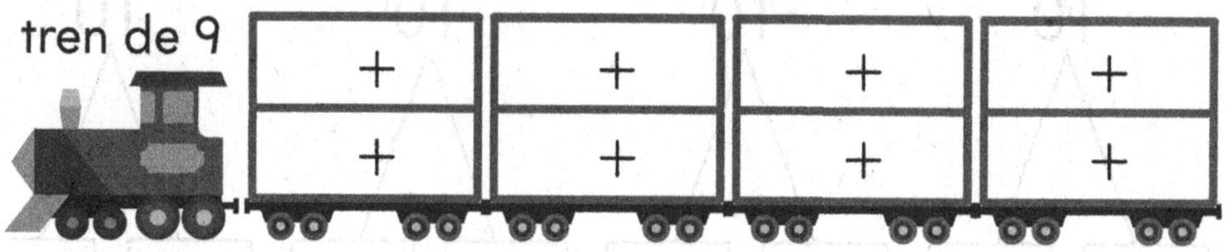

---

6. Escribe los números del 0 al 10.

0				4			7			

7. **Amplía tu razonamiento** Dibuja 9 estrellas. Usa un grupo de 5.

1-9
Haz la tarea

Nombre ______________________________

Muestra y escribe las partes de 10.

1 ○○○○○○○○○○ 10 = ____ + ____

2 ○○○○○○○○○○ 10 = ____ + ____

3 ○○○○○○○○○○ 10 = ____ + ____

4 ○○○○○○○○○○ 10 = ____ + ____

5 ○○○○○○○○○○ 10 = ____ + ____

6 ○○○○○○○○○○ 10 = ____ + ____

7 ○○○○○○○○○○ 10 = ____ + ____

8 ○○○○○○○○○○ 10 = ____ + ____

9 ○○○○○○○○○○ 10 = ____ + ____

1-9
Recuerda

Nombre ______________________________

Escribe las partes de 10 y las partes cambiadas.

1 ●●●●● ●●●●○ ●●●●● ●●●○○ ●●●●● ●●○○○ ●●●●● ●○○○○ ●●●●● ○○○○○

9 + 1	___ + ___	___ + ___	___ + ___	___ + ___
1 + 9	___ + ___	___ + ___	___ + ___	___ + ___

2

10 10 10 10 10

10 10 10 10 10

3 tren de 10

+	+	+	+	+
+	+	+	+	+

4 **Amplía tu razonamiento** Dibuja 10 canicas. Usa grupos de 5.

1-10
Haz la tarea

Nombre ______________________________

Encierra en un círculo la parte del patrón que se repite.
Rotula el patrón AB, ABCD o AAB.

1  rótulo: ______

2  rótulo: ______

3 Q T F C Q T F C Q T F C rótulo: ______

Amplía el patrón.

4  ______ ______

5 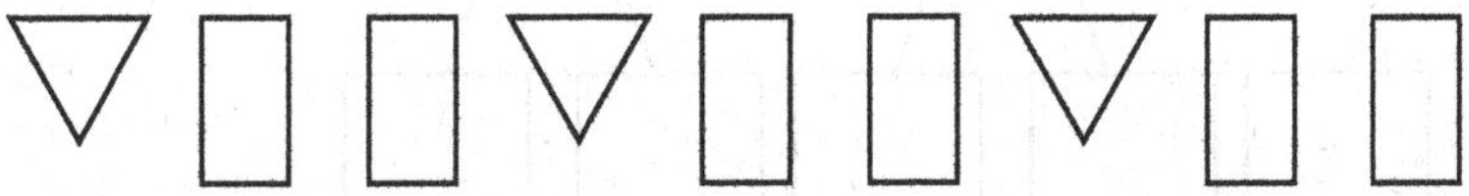 ______ ______

Dibuja las figuras que completan el patrón.

6 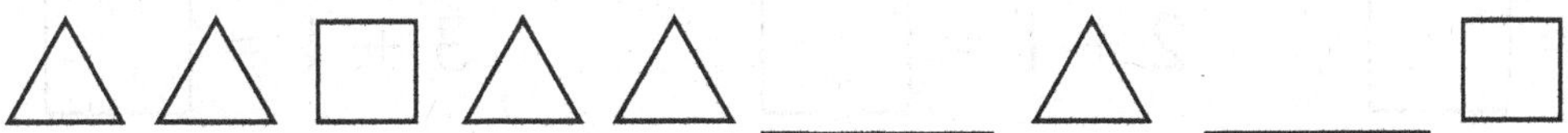

7 5 3 ______ 6 5 3 8 6 ______

1-10
Recuerda

Nombre ____________________

Escribe las partes y las partes cambiadas.

1

tren de 6

2

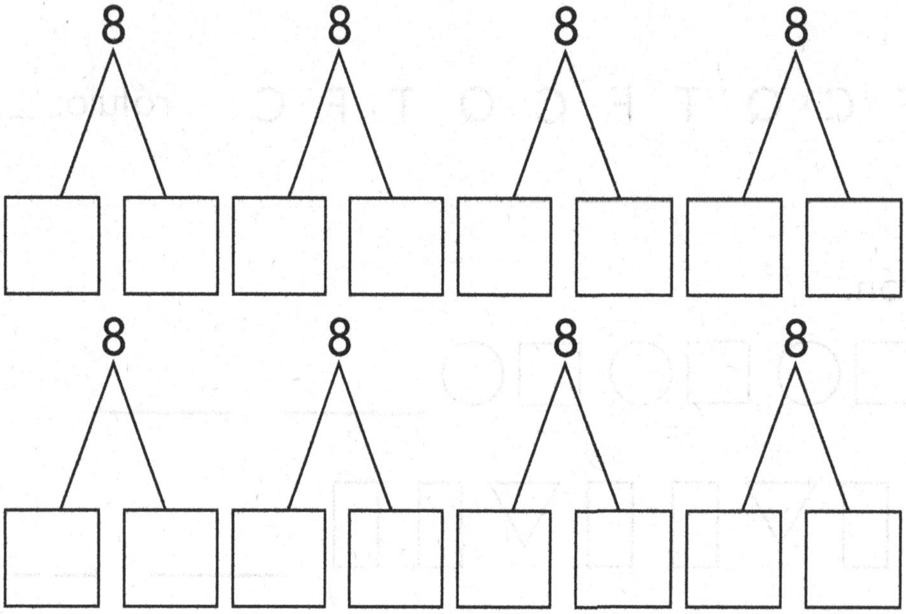

Suma.

3 4 + 1 = ☐ 2 + 1 = ☐ 3 + 1 = ☐

4 2 + 0 = ☐ 5 + 0 = ☐ 4 + 0 = ☐

5 **Amplía tu razonamiento** Usa 2 figuras. Haz un patrón ABB.

1-11
Haz la tarea

Nombre ______________________________

1 Continúa el patrón que aumenta dos veces más.

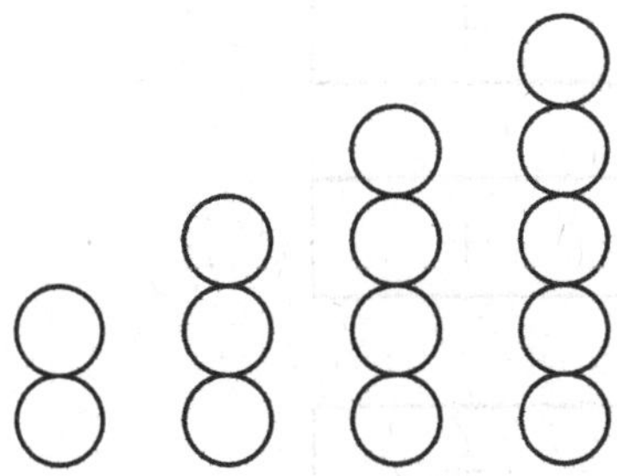

2 Completa el patrón. Escribe la regla del patrón.

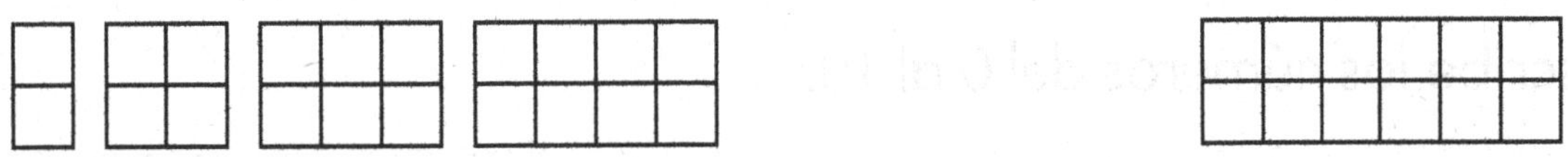

____

3 Continúa el patrón que disminuye dos veces más.

4 Completa el patrón. Escribe la regla del patrón.

STTTTT STTTT STTT

____

Nombre ____________________

Muestra las partes de 10 y cambia las partes.

1. ○○○○○○○○○○   ☐ + ☐   y   ☐ + ☐

2. ○○○○○○○○○○   ☐ + ☐   y   ☐ + ☐

3. ○○○○○○○○○○   ☐ + ☐   y   ☐ + ☐

4. ○○○○○○○○○○   ☐ + ☐   y   ☐ + ☐

5. ○○○○○○○○○○   ☐ + ☐   y   ☐ + ☐

6. Escribe los números del 0 al 10.

0			3					8		

Resta.

7. $5 - 1 = \square$ $1 - 1 = \square$ $4 - 1 = \square$

8. $4 - 2 = \square$ $3 - 2 = \square$ $5 - 2 = \square$

9. **Amplía tu razonamiento** Usa círculos. Haz un patrón que disminuye.

2-1
Haz la tarea

Nombre ____________________

Escribe las partes y el total.

1 ☐ + ☐

Total ☐

2 ☐ + ☐

Total ☐

3 ☐ + ☐

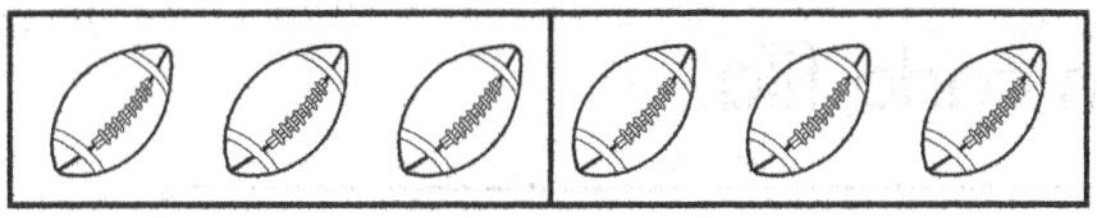

Total ☐

4 ☐ + ☐

Total ☐

5 ☐ + ☐

Total ☐

6 ☐ + ☐

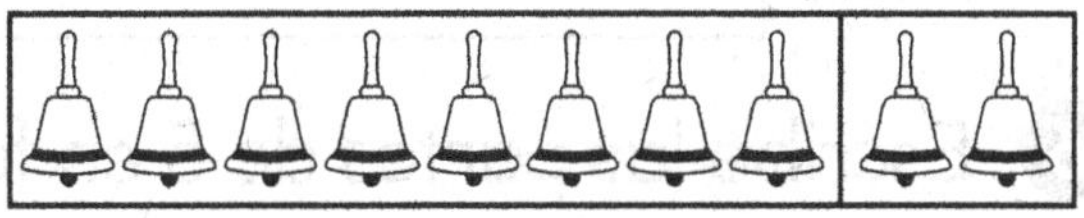

Total ☐

7 ☐ + ☐

Total ☐

8 ☐ + ☐

Total ☐

2-1
Recuerda

Nombre ______________________________

❶ Escribe los números del 0 al 10.

0	1	2	3	4	5	6	7	8	9	10

❷ Escribe cuántos puntos hay. Mira el 5 en cada grupo.

Escribe cuántas hojas hay. Mira el 5 en cada fila.

❸ ❹ ❺

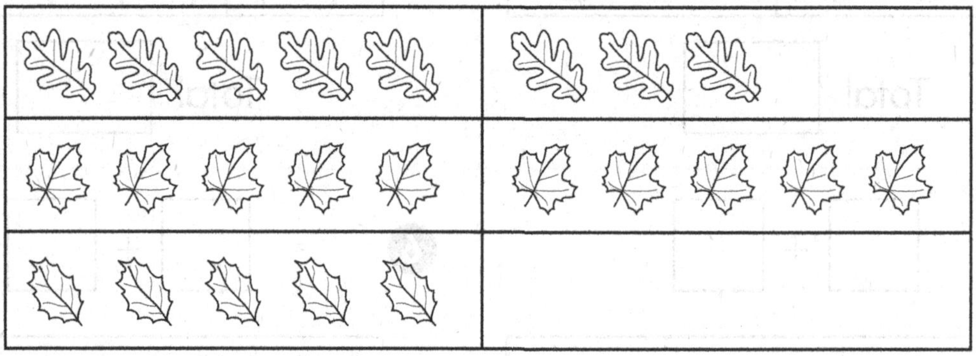

❻ Escribe las partes de 5 en forma de tren.

tren de 5

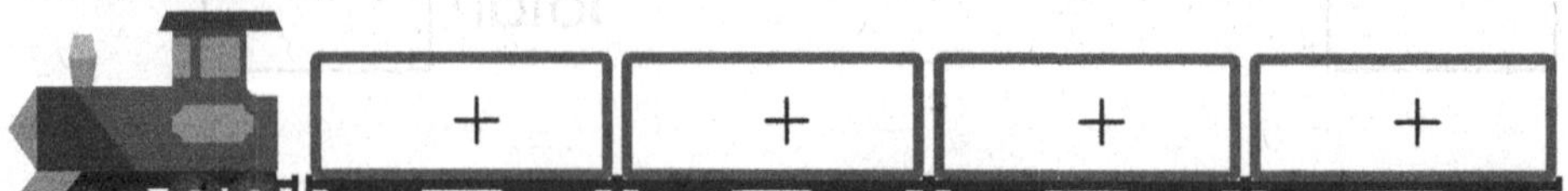

❼ **Amplía tu razonamiento** Escribe partes de 7. Muestra las partes dibujando un palito para separar. Escribe el total.

☐ + ☐

Total ☐

2-2
Haz la tarea

Nombre ____________________

Escribe las partes y el total para cada dibujo de círculos.

1. ☐ + ☐

   | ●●●●● ●● | ○○ |

   Total ☐

2. ☐ + ☐

   | ●●●● | ○ ○○ |

   Total ☐

3. ☐ + ☐

   | ●●●●● | ○ |

   Total ☐

4. ☐ + ☐

   | ●●●●● ●●● | ○○ |

   Total ☐

5. ☐ + ☐

   | ●●●● | ○ ○ |

   Total ☐

6. ☐ + ☐

   | ●●●● | ○ ○○○ |

   Total ☐

7. ☐ + ☐

   | ●●●●● ● | ○○○ |

   Total ☐

8. ☐ + ☐

   | ●●●●● | ○○○○○ |

   Total ☐

Nombre ____________________

1. Escribe cuántos puntos hay. Mira el 5 en cada grupo.

	●●●●●	●●●		●●●●●	●●		●●●●●	●

Escribe cuántos hay de cada alimento. Mira el 5 en cada fila.

2. □

3. □

4. □

5. Escribe las partes de 6 en forma de tren.

tren de 6

6. **Amplía tu razonamiento** Haz un dibujo de círculos para mostrar un conjunto de partes de 10.

2-3
Haz la tarea

Nombre ______________________

Escribe las partes y el total. Luego escribe la ecuación.

1 ☐ + ☐

____
Ecuación

Total ☐

2 ☐ + ☐

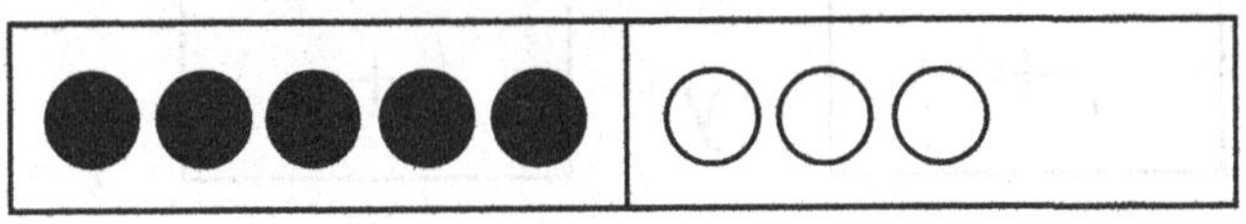

____
Ecuación

Total ☐

3 ☐ + ☐

____
Ecuación

Total ☐

4 ☐ + ☐

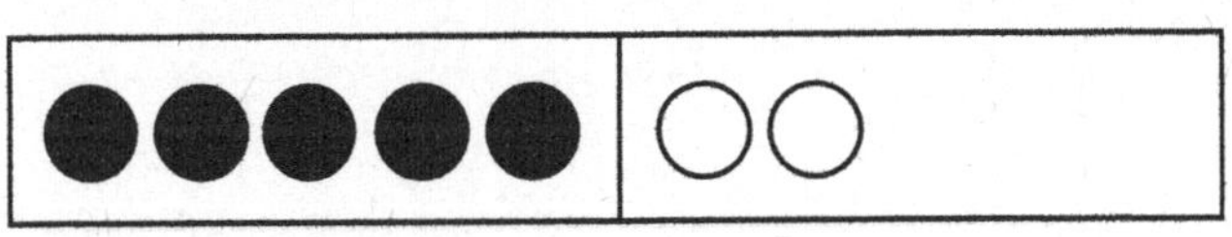

____
Ecuación

Total ☐

Nombre ____________________

❶ Completa los números del 0 al 10.

0				4			7			

Muestra las partes de 7 y cambia las partes.

❷ ○○○○○○○ ____ + ____ y ____ + ____

❸ ○○○○○○○ ____ + ____ y ____ + ____

❹ ○○○○○○○ ____ + ____ y ____ + ____

❺ Escribe las partes y las partes cambiadas.

tren de 7

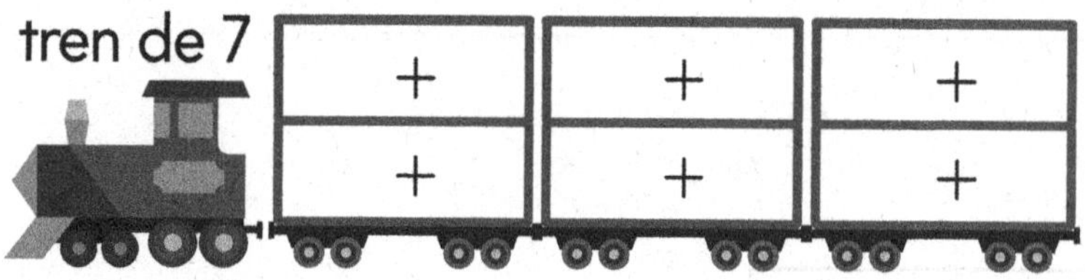

___ + ___	___ + ___	___ + ___
___ + ___	___ + ___	___ + ___

❻ **Amplía tu razonamiento** Haz un dibujo de círculos para emparejar el dibujo. Luego escribe la ecuación.

Ecuación

2-4
Haz la tarea

Nombre ______________________

Escribe las partes y el total. Luego escribe la ecuación.

1 ☐ + ☐

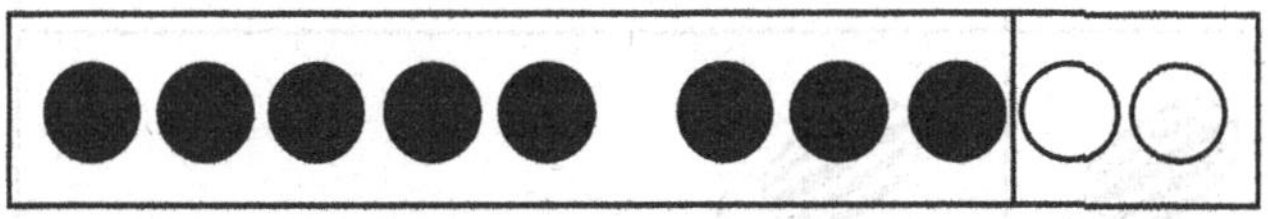

Total ☐

____
Ecuación

---

2 ☐ + ☐

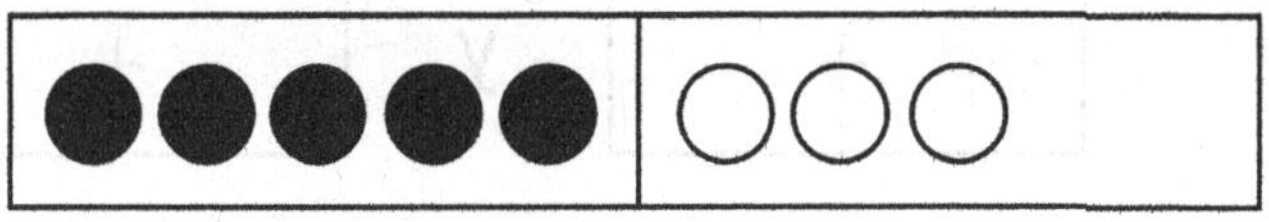

Total ☐

____
Ecuación

---

3 ☐ + ☐

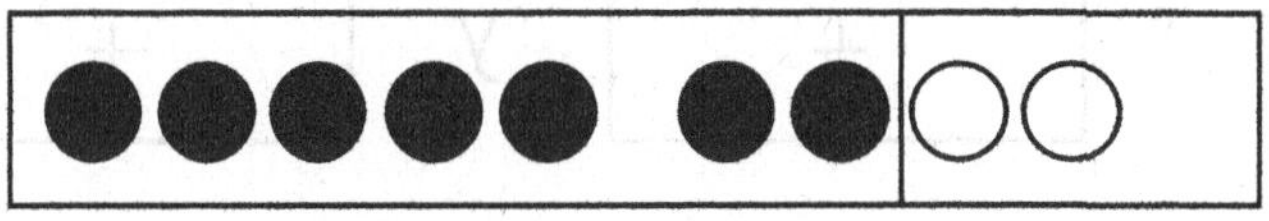

Total ☐

____
Ecuación

---

4 ☐ + ☐

Total ☐

____
Ecuación

2-4
Recuerda

Nombre ____________________

Escribe cuántos hay de cada alimento. Mira el 5 en cada fila.

1 ☐

2 ☐

3 ☐

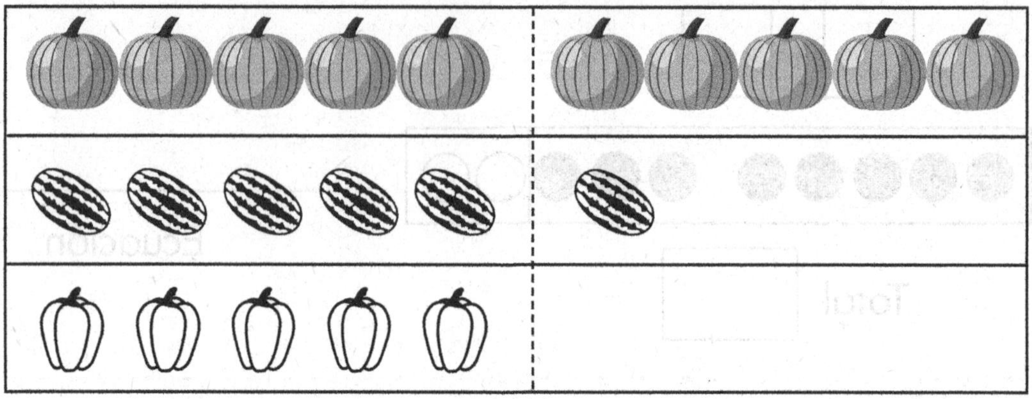

Muestra las partes de 8 y cambia las partes.

4 ○○○○○○○○   ___ + ___ y ___ + ___

5 ○○○○○○○○   ___ + ___ y ___ + ___

6 ○○○○○○○○   ___ + ___ y ___ + ___

7 ○○○○○○○○   ___ + ___ y ___ + ___

8 Escribe las partes y las partes cambiadas.

tren de 8

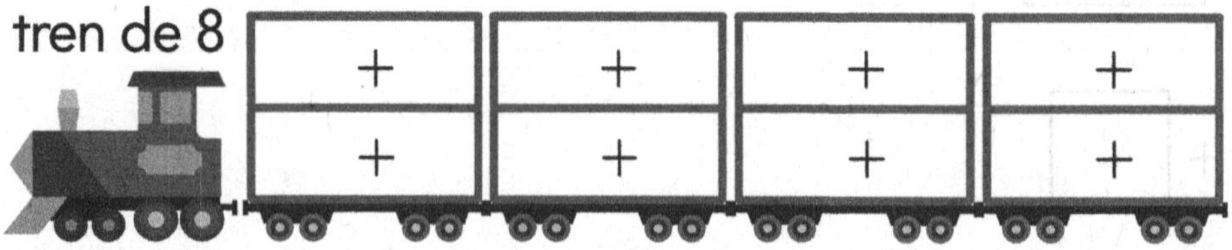

9 **Amplía tu razonamiento** Escribe una ecuación que corresponda con el dibujo de círculos.

●●●●● | ●●●

____
Ecuación

Nombre ________________________________

Cuenta hacia adelante. Escribe el total.

1 | 5 | ● ● ● ● | = Total ☐

2 | 7 | ● ● ● | = Total ☐

3 | 3 | ● ● ● ● ● | = Total ☐

4 | 6 | ● ● ● | = Total ☐

5 | 4 |  | = Total ☐

6 | 5 | 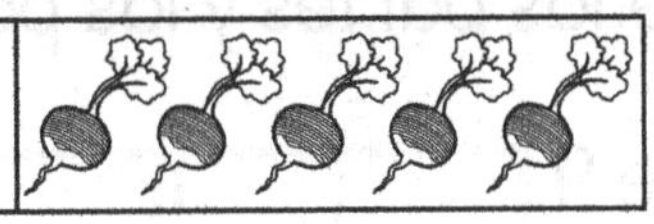 | = Total ☐

7 | 2 |  | = Total ☐

8 | 4 |  | = Total ☐

9 | 5 |  | = Total ☐

10 | 8 | 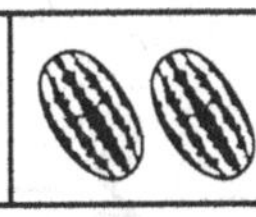 | = Total ☐

11 | 6 | 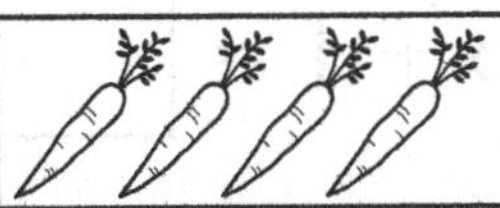 | = Total ☐

12 | 3 |  | = Total ☐

Nombre ______________________________

Muestra las partes de 9 y cambia las partes.

1 ○○○○○○○○○ [+] y [+]

2 ○○○○○○○○○ [+] y [+]

3 ○○○○○○○○○ [+] y [+]

4 ○○○○○○○○○ [+] y [+]

5 Escribe las partes y las partes cambiadas.

tren de 9

+	+	+	+
+	+	+	+

Usa patrones para resolver.

6 $0 + 9 =$ ☐ $6 + 0 =$ ☐ $0 + 7 =$ ☐

7 $8 - 0 =$ ☐ $2 - 0 =$ ☐ $10 - 0 =$ ☐

8 $1 + 4 =$ ☐ $9 + 1 =$ ☐ $5 + 1 =$ ☐

9 **Amplía tu razonamiento** Cuenta hacia adelante para hallar el total. $7 + 2 =$ ☐

Ahora cuenta todo. ¿Hallaste la misma respuesta? Explica.

____

2-6
Haz la tarea

Nombre ______________________________

Cuenta hacia adelante para hallar el total.

1. $6 + 3 = \square$
2. $3 + 5 = \square$
3. $4 + 5 = \square$
4. $5 + 5 = \square$
5. $4 + 6 = \square$
6. $2 + 4 = \square$
7. $4 + 3 = \square$
8. $7 + 2 = \square$
9. $6 + 2 = \square$

Halla el número total de juguetes.

10. 7 trompetas en la caja

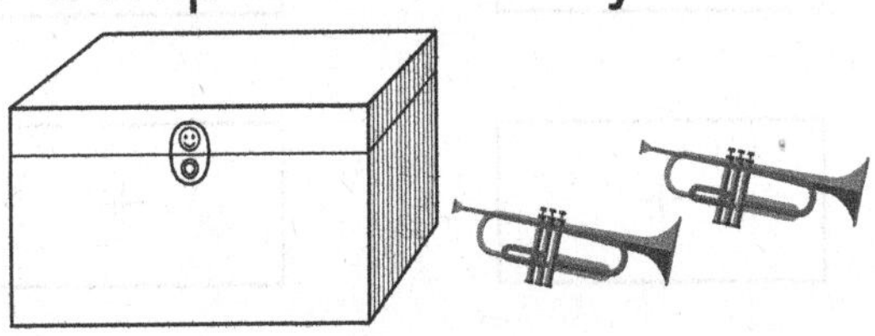

☐ Total

11. 5 osos en la caja

☐ Total

12. 3 pelotas en la caja

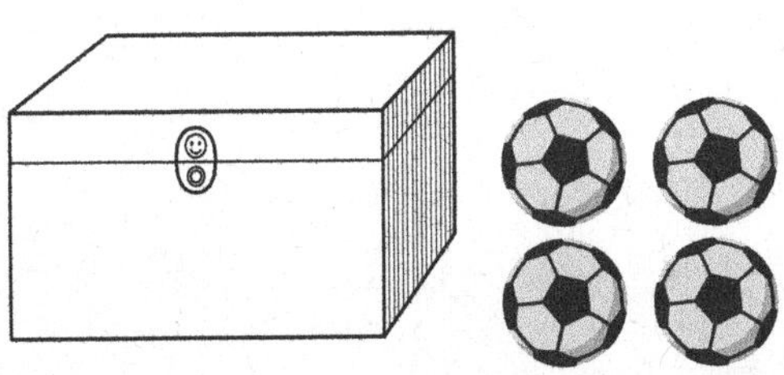

☐ Total

13. 8 vagones en la caja

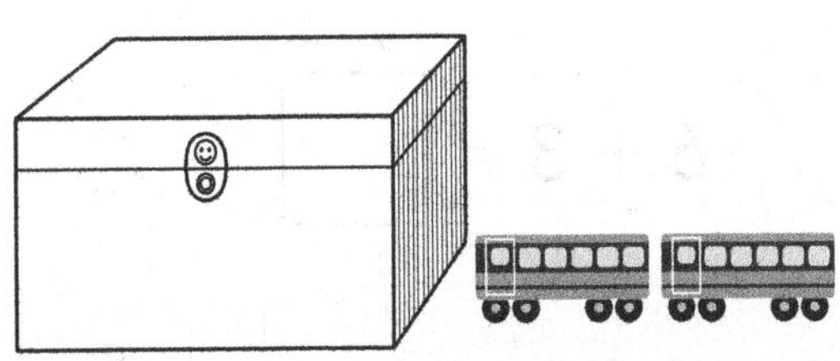

☐ Total

Nombre ____________________

❶ Completa los números del 0 al 10.

	1			4		6	7			

Muestra las partes de 10 y cambia las partes.

❷ ○○○○○○○○○○ ☐ + ☐ y ☐ + ☐

❸ ○○○○○○○○○○ ☐ + ☐ y ☐ + ☐

❹ ○○○○○○○○○○ ☐ + ☐ y ☐ + ☐

❺ ○○○○○○○○○○ ☐ + ☐ y ☐ + ☐

❻ ○○○○○○○○○○ ☐ + ☐ y ☐ + ☐

❼ **Amplía tu razonamiento** Cuenta hacia adelante con puntos para hallar el total. Escribe el total.

$6 + 3 =$ ☐

2-7
Haz la tarea

Nombre ____________________

Subraya el número mayor.
Cuenta hacia adelante a partir de ese número.

1. ●●● $3 + \underline{6} = \square$

2. $2 + 5 = \square$

3. $2 + 8 = \square$

4. $7 + 3 = \square$

5. $4 + 5 = \square$

6. $3 + 5 = \square$

7. $2 + 7 = \square$

8. $6 + 4 = \square$

9. $4 + 3 = \square$

10. $2 + 6 = \square$

11. $8 + 2 = \square$

12. $6 + 3 = \square$

2-7
Recuerda

Nombre ________________________________

Escribe las partes y el total.

❶ ☐ + ☐

Total ☐

❷ ☐ + ☐

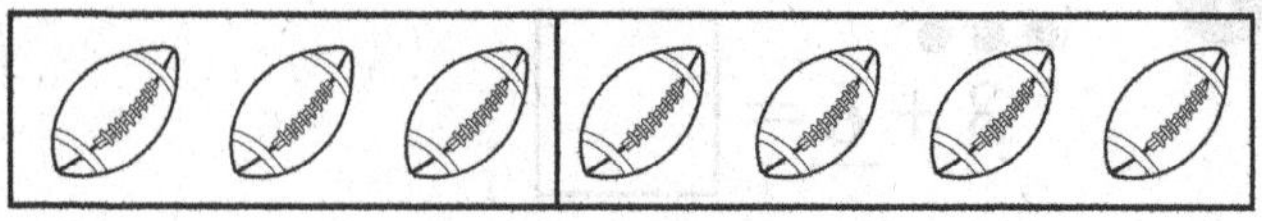

Total ☐

❸ ☐ + ☐

Total ☐

❹ ☐ + ☐

Total ☐

Usa patrones para resolver.

❺ 8 − 1 = ☐ 4 − 1 = ☐ 10 − 1 = ☐

❻ 0 + 5 = ☐ 0 + 9 = ☐ 7 + 0 = ☐

❼ 10 − 0 = ☐ 5 − 0 = ☐ 6 − 0 = ☐

❽ **Amplía tu razonamiento** Sami cuenta hacia adelante para resolver este problema. 2 + 8 = ☐

Sami cuenta 8, 9 y dice que el total es 9. ¿Qué hizo mal?

____

2-8
Haz la tarea

Nombre ______________________

Subraya el número mayor.
Cuenta hacia adelante a partir de ese número.

1 ●● $2 + \underline{7} = \square$	2 $1 + 9 = \square$
3 $3 + 4 = \square$	4 $6 + 3 = \square$
5 $4 + 5 = \square$	6 $3 + 7 = \square$
7 $2 + 4 = \square$	8 $5 + 3 = \square$
9 $8 + 2 = \square$	10 $5 + 2 = \square$
11 $3 + 6 = \square$	12 $6 + 2 = \square$
13 $2 + 8 = \square$	14 $7 + 3 = \square$

Nombre ______________________________

Escribe las partes y el total.

❶ ☐ + ☐

Total ☐

❷ ☐ + ☐

Total ☐

❸ ☐ + ☐

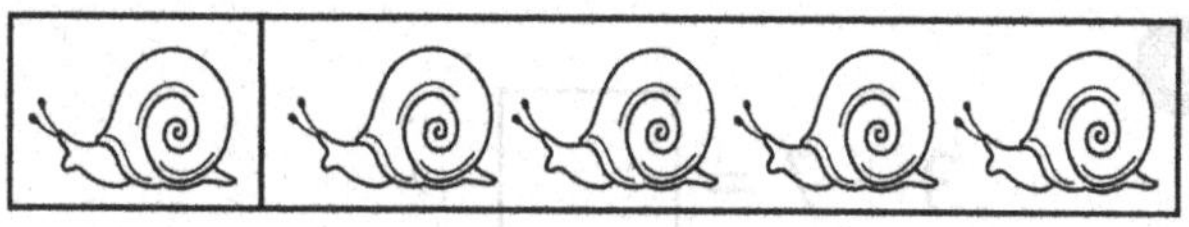

Total ☐

❹ ☐ + ☐

Total ☐

Escribe las partes y el total de cada dibujo de círculos.

❺ ☐ + ☐

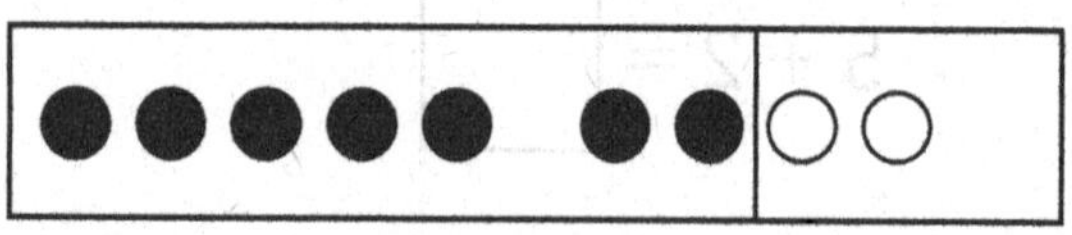

Total ☐

❻ ☐ + ☐

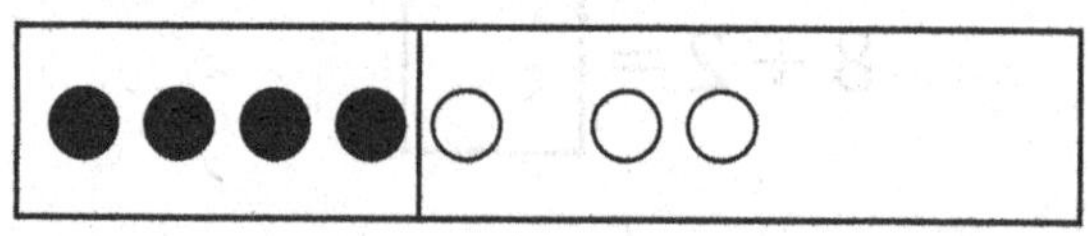

Total ☐

❼ **Amplía tu razonamiento** Encierra en un círculo el número mayor y cuenta hacia adelante a partir de ese número. Escribe el total.

$4 + 5 = \square$

2-9
Haz la tarea

Nombre ______________________

Subraya el número mayor.
Cuenta hacia adelante a partir de ese número.

1. ●●●● $4 + \underline{5} =$ ☐

2. $6 + 3 =$ ☐

3. $3 + 5 =$ ☐

4. $2 + 3 =$ ☐

5. $2 + 8 =$ ☐

6. $4 + 2 =$ ☐

7. $4 + 3 =$ ☐

8. $7 + 3 =$ ☐

9. $8 + 2 =$ ☐

10. $6 + 2 =$ ☐

11. $3 + 7 =$ ☐

12. $5 + 2 =$ ☐

13. $2 + 7 =$ ☐

14. $7 + 2 =$ ☐

2-9
Recuerda

Nombre ______________________

Escribe las partes y el total de cada dibujo de círculos.

1 ☐ + ☐

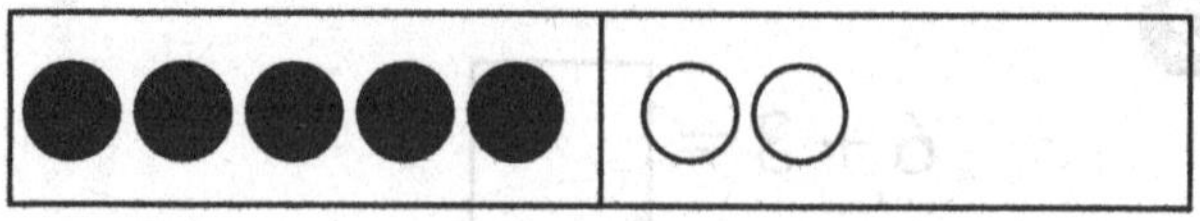

Total ☐

2 ☐ + ☐

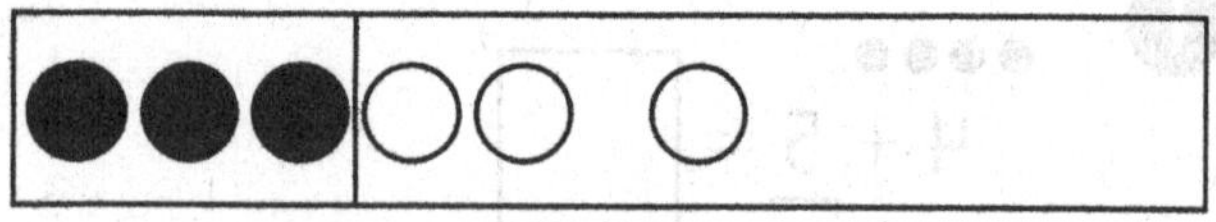

Total ☐

3 ☐ + ☐

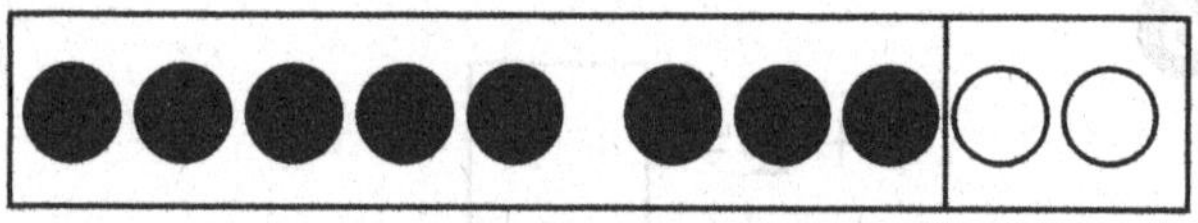

Total ☐

4 ☐ + ☐

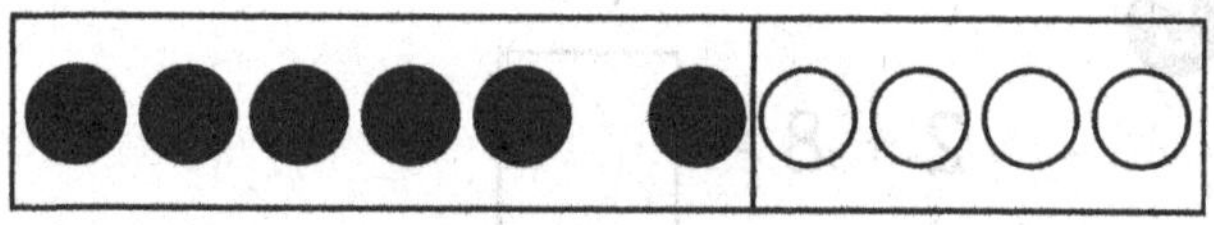

Total ☐

Escribe las partes y el total. Luego escribe la ecuación.

5 ☐ + ☐

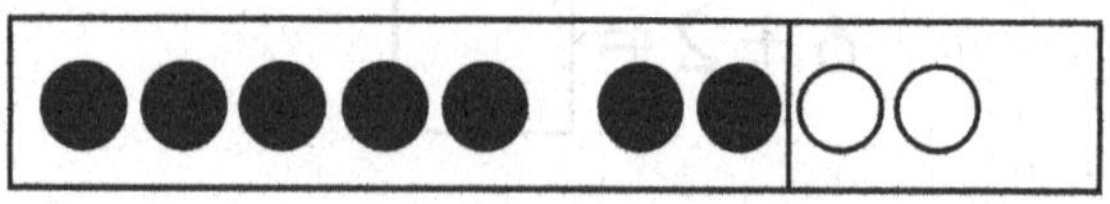

Total ☐

____
Ecuación

6 **Amplía tu razonamiento** Escribe una ecuación de suma. Dibuja puntos para contar hacia adelante y resolver.

2-10
Haz la tarea

Nombre ______________________

Resuelve. Escribe cuántos quedan.

1 Hay 7 barcos.

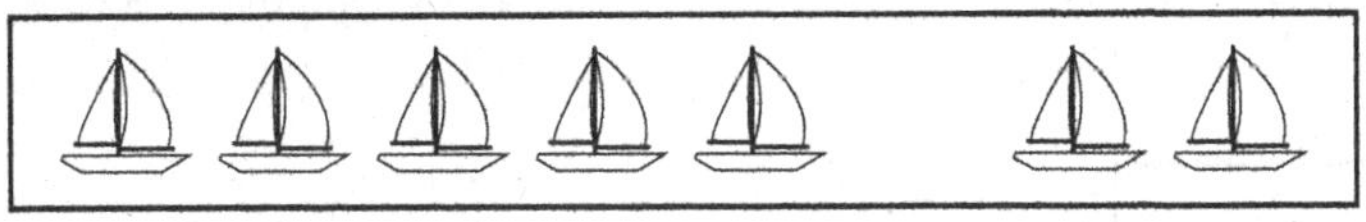

$7 - 4 = \square$

Luego 4 se van.

2 Hay 10 velas.

$10 - 7 = \square$

Luego 7 se apagan.

3 Hay 8 pastelitos.

$8 - 6 = \square$

Luego se comen 6.

4 Hay 9 peces.

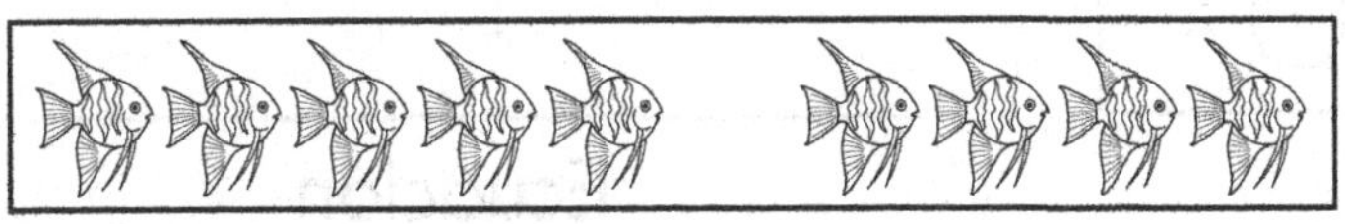

$9 - 5 = \square$

Luego 5 se van nadando.

5 Hay 6 elefantes.

$6 - 4 = \square$

Luego 4 se van.

Nombre ______________________

Escribe las partes y el total. Luego escribe la ecuación.

1 ☐ + ☐

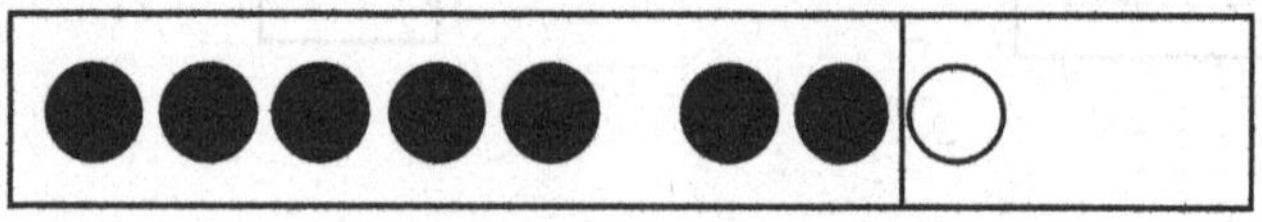

Total ☐

____
Ecuación

2 ☐ + ☐

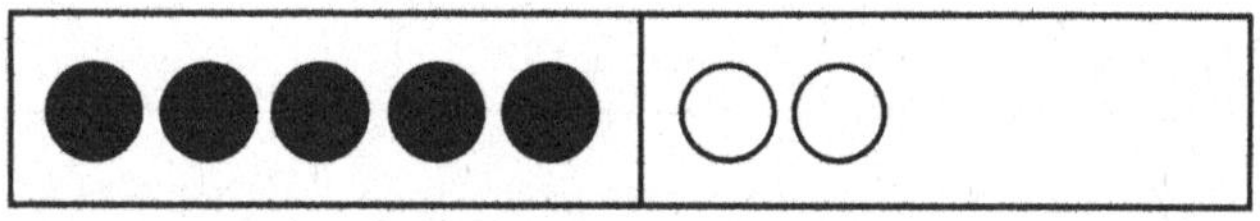

Total ☐

____
Ecuación

3 ☐ + ☐

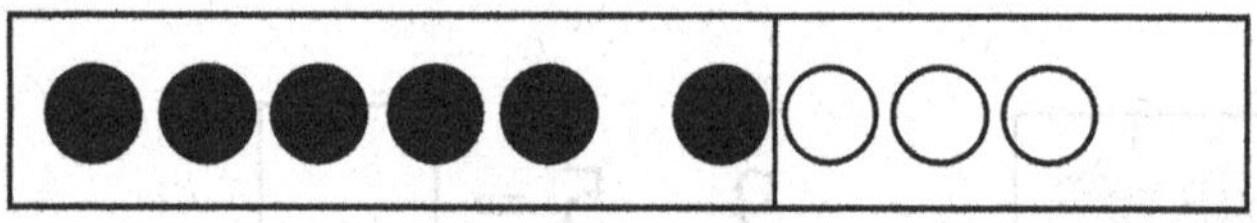

Total ☐

____
Ecuación

4 **Amplía tu razonamiento** Escribe una ecuación para este problema. Hay 8 hormigas. Luego 2 se van caminando.

____
Ecuación

2-11
Haz la tarea

Nombre ____________________

Resta y escribe la ecuación.

1 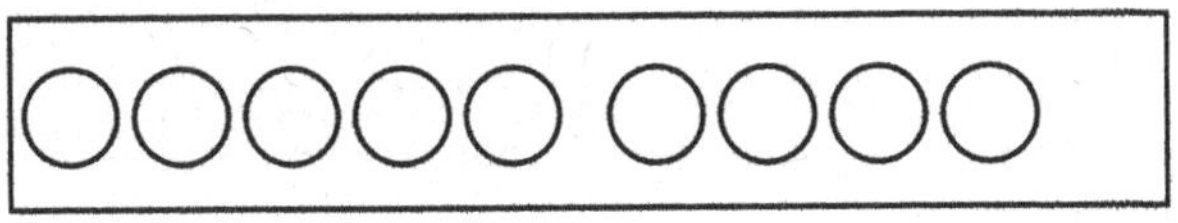

Resta 3

____
Ecuación

2 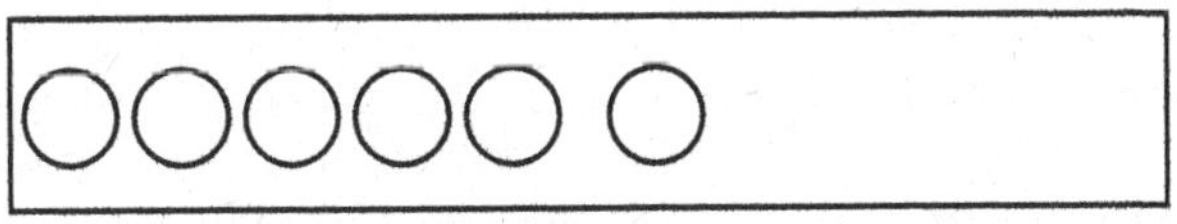

Resta 5

____
Ecuación

3 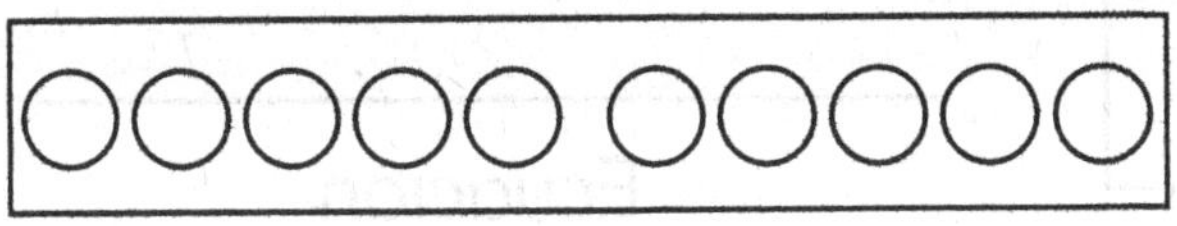

Resta 3

____
Ecuación

4 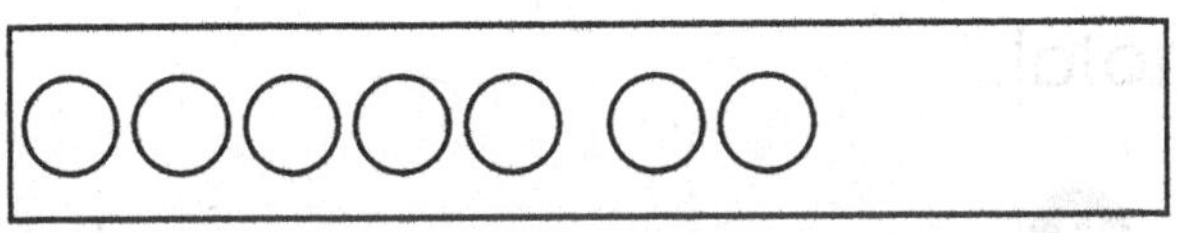

Resta 4

____
Ecuación

5 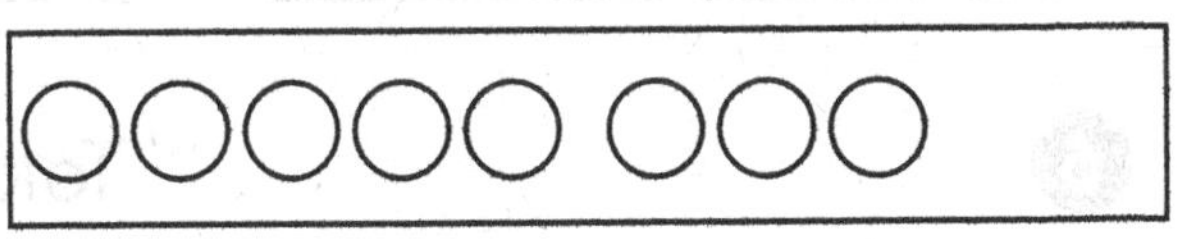

Resta 4

____
Ecuación

6 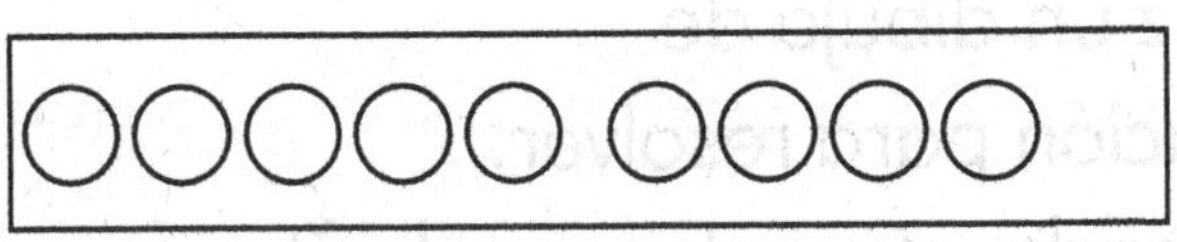

Resta 6

____
Ecuación

Nombre ______________________

Escribe las partes y el total. Luego escribe la ecuación.

1 ☐ + ☐

____
Ecuación

Total ☐

2 ☐ + ☐

____
Ecuación

Total ☐

Cuenta hacia adelante. Escribe el total.

3 Total

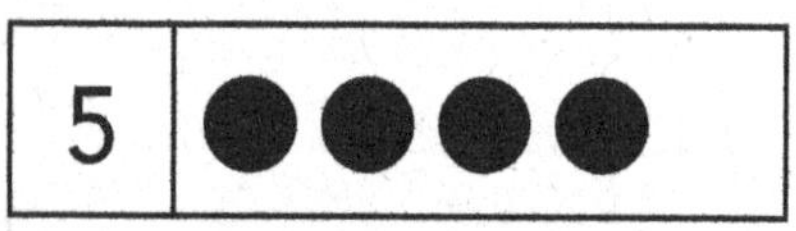

= ☐

4 Total

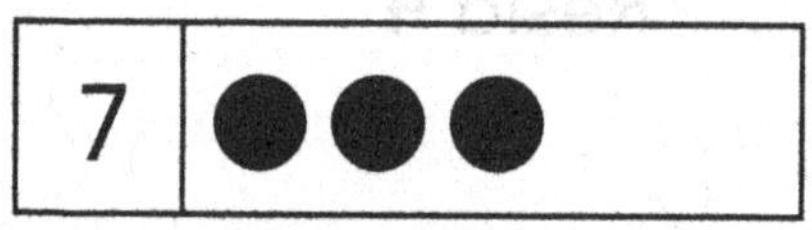

= ☐

5 Total

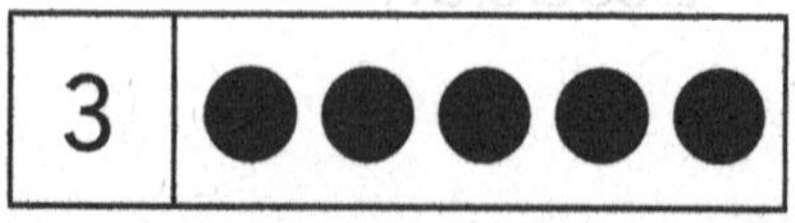

= ☐

6 Total

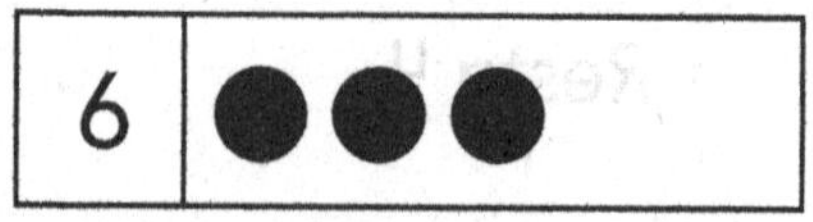

= ☐

7 **Amplía tu razonamiento** Haz un dibujo de círculos. Luego escribe la ecuación para resolver.
Hay 6 mariposas. 4 se van volando. ¿Cuántas quedan?

____
Ecuación

2-12
Haz la tarea

Nombre ____________________

Usa la imagen para resolver la ecuación.

1
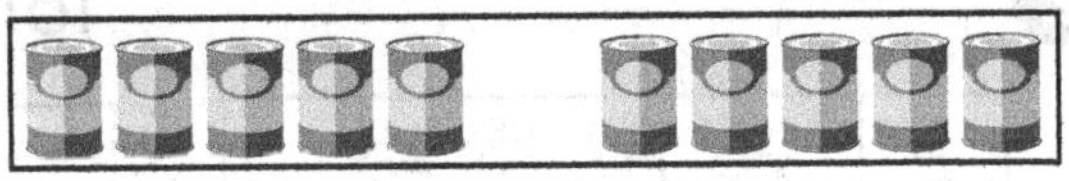

$10 - 7 = \square$

2
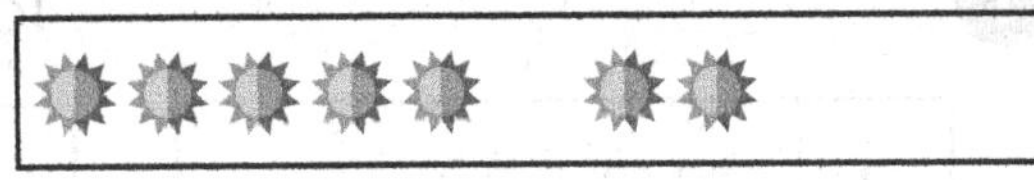

$7 - 2 = \square$

3

$9 - 6 = \square$

4
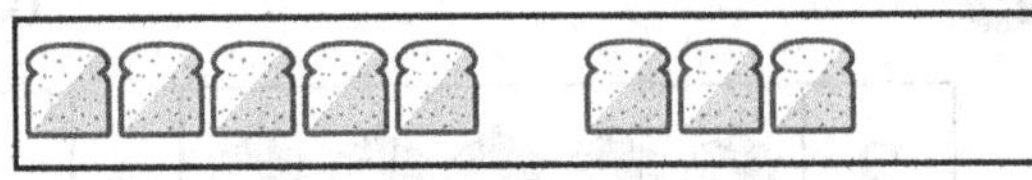

$8 - 4 = \square$

5

$5 - 3 = \square$

6
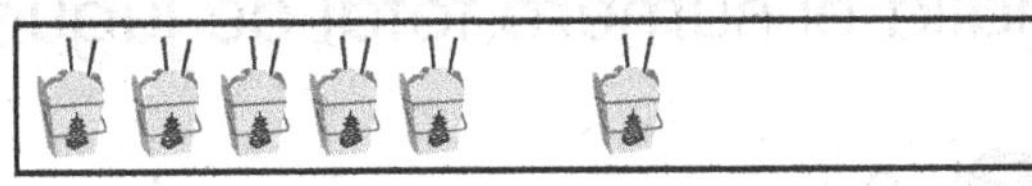

$6 - 2 = \square$

7
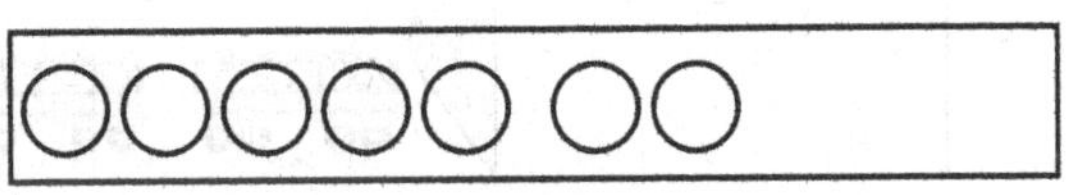

$7 - 4 = \square$

8
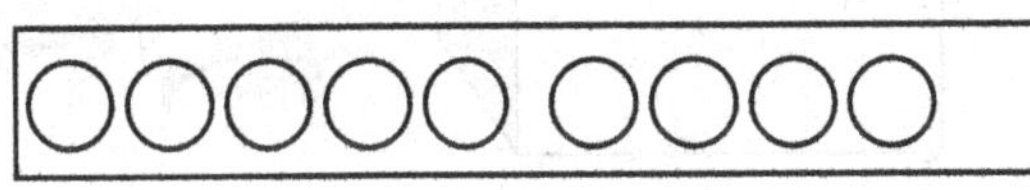

$9 - 4 = \square$

9
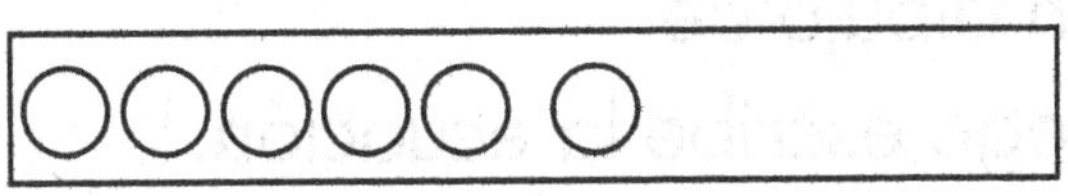

$6 - 4 = \square$

10
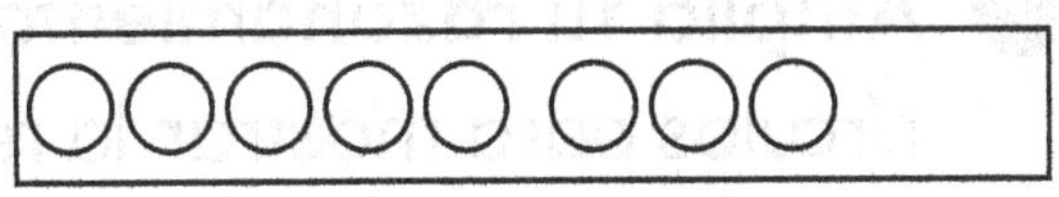

$8 - 5 = \square$

11
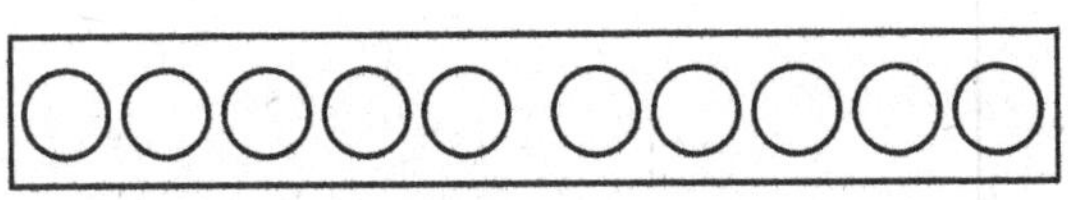

$10 - 8 = \square$

12
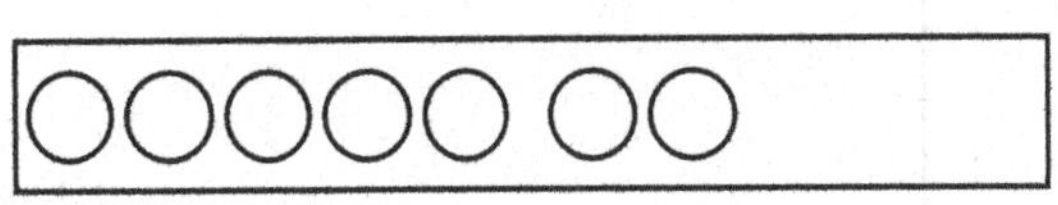

$7 - 7 = \square$

2-12 Recuerda

Nombre ______________________________

Cuenta hacia adelante. Escribe el total.

1 Total

3  = ☐

2 Total

5 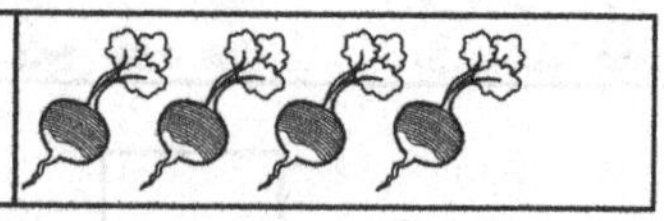 = ☐

3 Total

2  = ☐

4 Total

4  = ☐

Halla el número total de juguetes.

5 8 trompetas en la caja

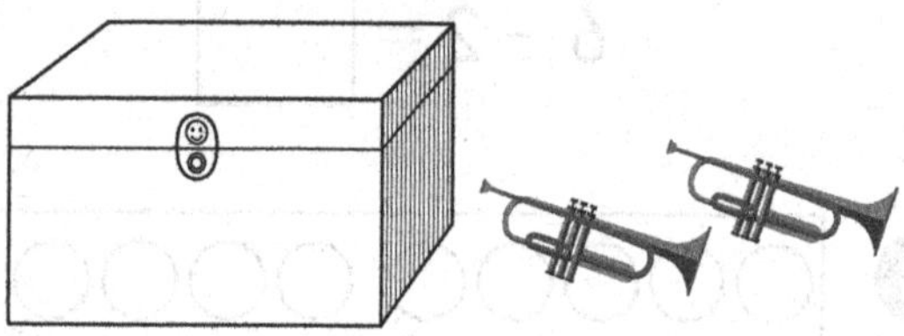

☐ Total

6 7 vagones en la caja

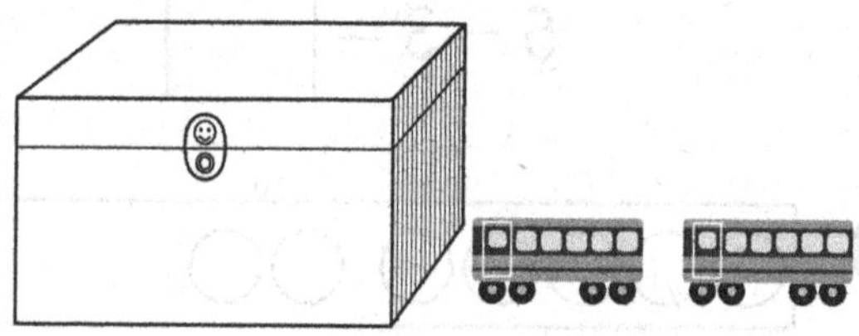

☐ Total

7 **Amplía tu razonamiento** Haz un dibujo de círculos para mostrar la resta. Luego escribe la ecuación.

____

Ecuación

2-13
Haz la tarea

Nombre ____________________

Usa los círculos para resolver la ecuación.

1. ○○○○○ ○○○○

   9 − 5 = □

2. ○○○○○ ○

   6 − 2 = □

3. ○○○○○ ○○○○○

   10 − 8 = □

4. ○○○○○ ○○○

   8 − 5 = □

5. ○○○○○ ○

   6 − 3 = □

6. ○○○○○

   5 − 2 = □

7. ○○○○○ ○○

   7 − 3 = □

8. ○○○○○ ○○○○

   9 − 6 = □

Resuelve la ecuación.

9. 6 − 4 = □
10. 8 − 6 = □
11. 10 − 2 = □
12. 7 − 1 = □
13. 9 − 7 = □
14. 8 − 4 = □

Nombre ____________________

Halla el número total de juguetes.

1. 4 pelotas en la caja

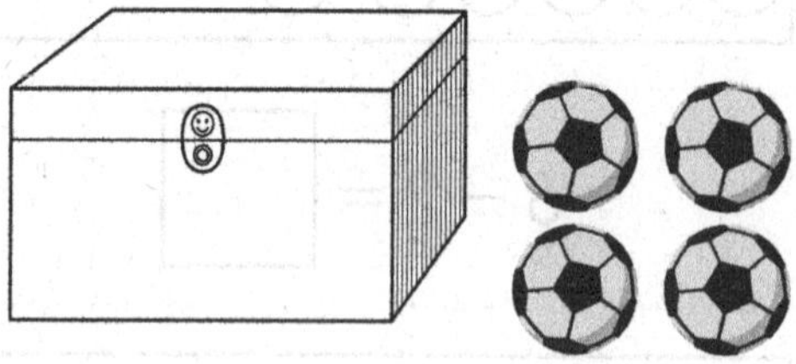

☐ Total

2. 6 osos en la caja

☐ Total

Subraya el número mayor.
Cuenta hacia adelante a partir de ese número.

3. $\underline{6} + \overset{\bullet\bullet\bullet}{3} = \square$

4. $2 + 5 = \square$

5. $2 + 6 = \square$

6. $7 + 2 = \square$

7. $3 + 7 = \square$

8. $3 + 5 = \square$

9. **Amplía tu razonamiento** Usa un dibujo de círculos para resolver esta ecuación. Muestra tu trabajo.

$8 - 5 = 3$

2-14
Haz la tarea

Nombre ____________________

Usa la suma para resolver la resta.

1. $5 + 5 = 10$, por lo tanto, sé que $10 - 5 = \square$.

2. $6 + 4 = 10$, por lo tanto, sé que $10 - 4 = \square$.

3. $3 + 6 = 9$, por lo tanto, sé que $9 - 3 = \square$.

Resuelve la forma vertical. Usa cualquier método.

4. $\begin{array}{r} 2 \\ +5 \\ \hline \end{array}$

5. $\begin{array}{r} 4 \\ +5 \\ \hline \end{array}$

6. $\begin{array}{r} 7 \\ +1 \\ \hline \end{array}$

7. $\begin{array}{r} 2 \\ +8 \\ \hline \end{array}$

8. $\begin{array}{r} 4 \\ +3 \\ \hline \end{array}$

9. $\begin{array}{r} 3 \\ +5 \\ \hline \end{array}$

10. $\begin{array}{r} 8 \\ +1 \\ \hline \end{array}$

11. $\begin{array}{r} 1 \\ +9 \\ \hline \end{array}$

12. $\begin{array}{r} 6 \\ +3 \\ \hline \end{array}$

13. $\begin{array}{r} 5 \\ +4 \\ \hline \end{array}$

Resuelve la forma vertical. Piensa en la suma.

14. $\begin{array}{r} 10 \\ -9 \\ \hline \end{array}$

15. $\begin{array}{r} 8 \\ -6 \\ \hline \end{array}$

16. $\begin{array}{r} 9 \\ -1 \\ \hline \end{array}$

17. $\begin{array}{r} 7 \\ -2 \\ \hline \end{array}$

18. $\begin{array}{r} 10 \\ -3 \\ \hline \end{array}$

19. $\begin{array}{r} 9 \\ -7 \\ \hline \end{array}$

20. $\begin{array}{r} 8 \\ -1 \\ \hline \end{array}$

21. $\begin{array}{r} 7 \\ -4 \\ \hline \end{array}$

22. $\begin{array}{r} 8 \\ -3 \\ \hline \end{array}$

23. $\begin{array}{r} 9 \\ -6 \\ \hline \end{array}$

Nombre ____________________

Subraya el número mayor.
Cuenta hacia adelante a partir de ese número.

1. 3 + <u>7</u> = ☐
2. 6 + 2 = ☐
3. 2 + 5 = ☐
4. 5 + 4 = ☐
5. 6 + 3 = ☐
6. 2 + 8 = ☐
7. 9 + 1 = ☐
8. 4 + 3 = ☐
9. 2 + 6 = ☐
10. 7 + 2 = ☐
11. 3 + 4 = ☐
12. 5 + 3 = ☐
13. 4 + 6 = ☐
14. 1 + 7 = ☐

15. **Amplía tu razonamiento** Escribe la suma que puedes usar para resolver la resta. Luego resuelve.

10 − 3 = ☐ ☐ + ☐ = ☐

2-15
Haz la tarea

Nombre ____________________

Cuenta hacia adelante para sumar.

1. $4 + 2 = \square$ ● ●

2. $3 + 5 = \square$

3. $6 + 2 = \square$

4. $6 + 3$ ● ● ●

5. $5 + 5$

6. $2 + 7$

7. $3 + 4$

8. $4 + 4$

Resta. Si quieres, haz un dibujo de círculos.

9. $9 - 2 = \square$

10. $7 - 5 = \square$

11. $6 - 3 = \square$

12. $6 - 2$

13. $9 - 5$

14. $10 - 7$

15. $5 - 4$

16. $8 - 2$

Nombre ____________________

Resuelve. Escribe cuántos quedan.

1 Hay 9 velas.

$9 - 7 = \square$

Luego 7 se apagan.

2 Hay 8 barcos.

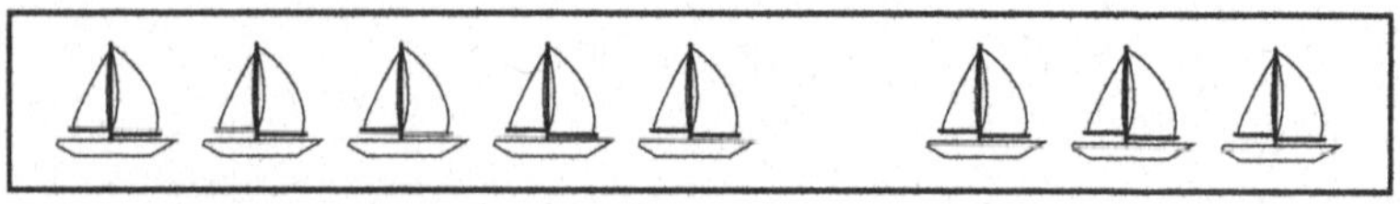

$8 - 4 = \square$

Luego 4 se van.

Resta y escribe la ecuación.

3 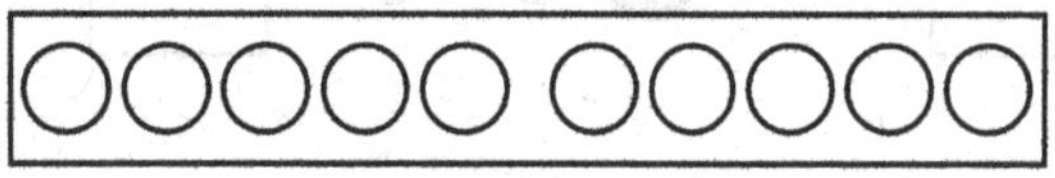

Resta 4

____
Ecuación

4 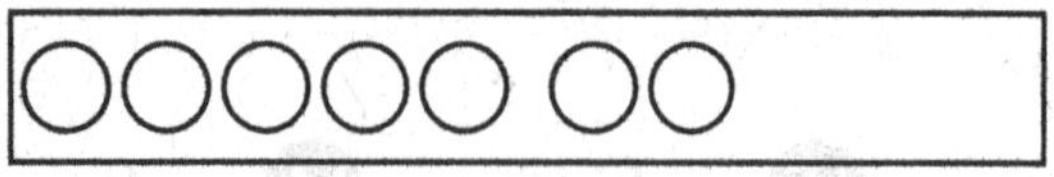

Resta 2

____
Ecuación

5 **Amplía tu razonamiento** Escribe números para completar la resta.

$\square - \square = 5$

Nombre ______________________

Haz un dibujo para mostrar el problema.
Escribe y resuelve la ecuación.

Karl ve 2 búhos y 5 águilas en un parque.

¿Cuántas aves ve?

$2 + 5 = \square$

Nombre ____________________

Usa los círculos para resolver la ecuación.

1 ○○○○○ ○○○○○

$10 - 4 = \square$

2 ○○○○○ ○○○○

$9 - 2 = \square$

Usa la suma para resolver la resta.

3 $7 + 3 = 10$, por lo tanto, sé que $10 - 3 = \square$.

4 $9 + 1 = 10$, por lo tanto, sé que $10 - 1 = \square$.

5 $4 + 5 = \square$, por lo tanto, sé que $9 - 4 = \square$.

Resuelve la forma vertical. Piensa en la suma.

6 $\begin{array}{r} 6 \\ -\ 1 \\ \hline \end{array}$

7 $\begin{array}{r} 8 \\ -\ 4 \\ \hline \end{array}$

8 $\begin{array}{r} 9 \\ -\ 7 \\ \hline \end{array}$

9 $\begin{array}{r} 10 \\ -\ 3 \\ \hline \end{array}$

10 $\begin{array}{r} 7 \\ -\ 6 \\ \hline \end{array}$

11 **Amplía tu razonamiento**

Resuelve.

Si sé que $7 - 4 = \square$,

entonces sé que $\square + \square = \square$.

3-1
Haz la tarea

Nombre ____________________

Halla la parte desconocida.

1. 8
   4 + ☐

2. 7
   5 + ☐

3. 10
   ☐ + 6

4. 6
   5 + ☐

5. 9
   4 + ☐

6. 10
   ☐ + 7

7. 7
   1 + ☐

8. 8
   6 + ☐

9. 10
   2 + ☐

10. 6
    2 + ☐

11. 9
    ☐ + 3

12. 5
    4 + ☐

3-1
Recuerda

Nombre ______________________________

Escribe las partes.

1 5 5 5 5

☐ ☐ ☐ ☐ ☐ ☐ ☐ ☐

Escribe las partes y el total de cada dibujo de círculos.

2

☐ + ☐

●●●●● ●●●	○○

Total ☐

3

☐ + ☐

●●●●● ●	○○○

Total ☐

Escribe las partes y el total. Luego escribe la ecuación.

4

☐ + ☐

●●●●●	○○○

Total ☐

____

Ecuación

5 **Amplía tu razonamiento** Escribe una ecuación de suma para resolver $9 - 2 = \square$.

____

Nombre ______________________________

Resuelve el problema.

Muestra tu trabajo. Usa dibujos, números o palabras.

1 Veo 8 abejas en el cielo.

5 vuelan bajo. Las otras vuelan alto.

¿Cuántas abejas vuelan alto?

abeja

□ ____________

rótulo

2 Hay 7 carros en el estacionamiento.

Luego llegan más carros.

Ahora hay 9.

¿Cuántos carros más llegan?

estacionamiento

□ ____________

rótulo

Halla la parte desconocida.

3 7

5 + □

4 10

□ + 3

5 9

6 + □

3-2
Recuerda

Nombre ______________________________

Muestra y escribe las partes de 6.

1

○○○○○○	+	6 = 5 + 1
○○○○○○	+	6 = ______
○○○○○○	+	6 = ______
○○○○○○	+	6 = ______
○○○○○○	+	6 = ______

Halla la parte desconocida.

2 8

☐ + 6

3 7

2 + ☐

4 10

4 + ☐

5 **Amplía tu razonamiento** Escribe un problema para el ejercicio 4.

____

____

____

____

____

3-3
Haz la tarea

Nombre ____________________

Cuenta hacia adelante para hallar la parte desconocida.

❶ $3 + \square = 7$ ❷ $5 + \square = 10$ ❸ $2 + \square = 6$

❹ $4 + \square = 8$ ❺ $7 + \square = 9$ ❻ $5 + \square = 9$

❼ $6 + \square = 9$ ❽ $4 + \square = 10$ ❾ $4 + \square = 7$

Cuenta hacia adelante para hallar el número de animales que hay en el establo.

⑩ 8 en total

☐ en el establo

⑪ 9 en total

☐ en el establo

⑫ 10 en total

☐ en el establo

⑬ 7 en total

☐ en el establo

3-3
Recuerda

Nombre ____________________

Escribe las partes y las partes cambiadas.

1 tren de 7

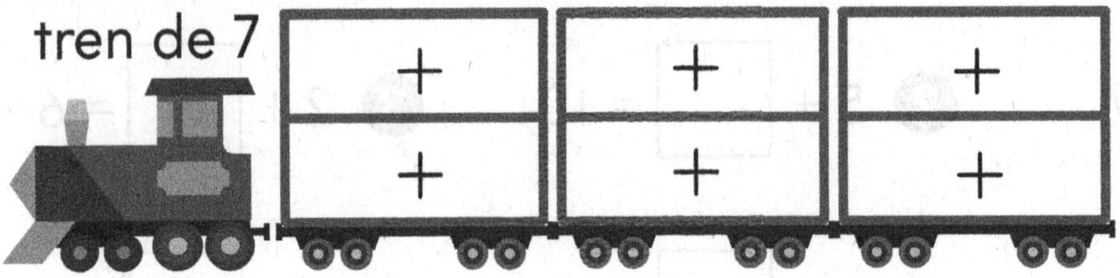

+ | + | +
+ | + | +

Cuenta hacia adelante. Escribe el total.

2 Total

7  = ☐

3 Total

5  = ☐

4 Total

2  = ☐

5 Total

8  = ☐

Resuelve el problema.

Muestra tu trabajo. Usa dibujos, números o palabras.

6 Ben ve 9 patos en el estanque.
3 son blancos. Los otros son negros.
¿Cuántos patos son negros?

pato

☐ ____________
rótulo

7 **Amplía tu razonamiento** Escribe tres ecuaciones de suma con un total de 10.

____

3-4
Haz la tarea

Nombre ______________________

Cuenta hacia adelante para hallar la parte desconocida.

❶ 6 + $\square$ = 9 ❷ 5 + $\square$ = 7 ❸ 8 + $\square$ = 9

❹ 3 + $\square$ = 8 ❺ 7 + $\square$ = 10 ❻ 4 + $\square$ = 8

Resuelve el problema.

Muestra tu trabajo. Usa dibujos, números o palabras.

❼ Hoy hicimos 10 pasteles de calabaza.

calabaza

6 pasteles están calientes.

El resto están fríos.

¿Cuántos pasteles están fríos?

$\square$ ______________________
rótulo

❽ Tengo 4 cometas.

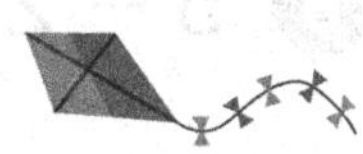
cometa

Luego compro más.

Ahora tengo 7 cometas.

¿Cuántas cometas compro?

$\square$ ______________________
rótulo

Nombre ______________________________

Muestra las partes de 8 y cambia las partes.

❶

○○○○○○○○	___ + ___	y	___ + ___
○○○○○○○○	___ + ___	y	___ + ___
○○○○○○○○	___ + ___	y	___ + ___
○○○○○○○○	___ + ___	y	___ + ___

Suma.

❷ $2 + 5 = \square$ ❸ $2 + 4 = \square$ ❹ $8 + 2 = \square$

❺ $2 + 8 = \square$ ❻ $7 + 2 = \square$ ❼ $5 + 2 = \square$

Resta.

❽ $5 - 2 = \square$ ❾ $9 - 2 = \square$ ❿ $7 - 2 = \square$

⓫ $8 - 2 = \square$ ⓬ $6 - 2 = \square$ ⓭ $10 - 2 = \square$

⓮ **Amplía tu razonamiento** Escribe una ecuación de suma con 3 como parte desconocida.

____

3-5
Haz la tarea

Nombre ______________________________

Cuenta hacia adelante para hallar la parte desconocida.

1 5 + ☐ = 7 **2** 3 + ☐ = 9 **3** 4 + ☐ = 7

4 4 + ☐ = 8 **5** 6 + ☐ = 10 **6** 5 + ☐ = 9

Resuelve el problema.

Muestra tu trabajo. Usa dibujos, números o palabras.

7 Amanda cosecha 2 melones en la granja.

Rosa también cosecha algunos.

Juntas, cosechan 7 melones.

¿Cuántos cosecha Rosa?

granja

☐ ______________
rótulo

8 Tengo 10 máscaras.

7 máscaras son negras.

Las demás son blancas.

¿Cuántas máscaras son blancas?

máscara

☐ ______________
rótulo

3-5
Recuerda

Nombre ______________________________

Muestra las partes de 9 y cambia las partes.

1 ○○○○○○○○○ ☐ + ☐ y ☐ + ☐

○○○○○○○○○ ☐ + ☐ y ☐ + ☐

○○○○○○○○○ ☐ + ☐ y ☐ + ☐

○○○○○○○○○ ☐ + ☐ y ☐ + ☐

Subraya el número mayor.
Cuenta hacia adelante a partir de ese número.

2 3 + 7 = ☐

3 5 + 3 = ☐

4 7 + 2 = ☐

5 3 + 6 = ☐

Cuenta hacia adelante para hallar la parte desconocida.

6 3 + ☐ = 10

7 4 + ☐ = 6

8 2 + ☐ = 9

9 4 + ☐ = 7

10 3 + ☐ = 8

11 4 + ☐ = 10

12 **Amplía tu razonamiento** Silvia tiene 6 globos. Compra algunos más. Ahora tiene 10 globos. ¿Cuántos globos compra Silvia?

______ globos

3-6
Haz la tarea

Nombre ____________________

Cuenta hacia adelante para resolver.

1. $6 - 4 = \square$
2. $10 - 7 = \square$
3. $8 - 3 = \square$

4. $\begin{array}{r} 9 \\ -\ 5 \\ \hline \end{array}$
5. $\begin{array}{r} 8 \\ -\ 5 \\ \hline \end{array}$
6. $\begin{array}{r} 7 \\ -\ 3 \\ \hline \end{array}$

Resuelve el problema.

Muestra tu trabajo. Usa dibujos, números o palabras.

7. Hay 6 tazones en una bandeja.
Quitamos 3.
¿Cuántos tazones quedan?

bandeja

$\square$ ____________________
rótulo

8. Veo 10 insectos en el escalón.
6 se van volando.
¿Cuántos insectos quedan?

insecto

$\square$ ____________________
rótulo

Nombre ____________________

Escribe las partes de 10 y las partes cambiadas.

❶ ●●●●● ●●●●○	●●●●● ●●●○○	●●●●● ●●○○○	●●●●● ●○○○○	●●●●● ○○○○○
9 + 1	___ + ___	___ + ___	___ + ___	___ + ___
1 + 9	___ + ___	___ + ___	___ + ___	___ + ___

Subraya el número mayor.
Cuenta hacia adelante a partir de ese número.

❷ 5 + 2 = ☐

❸ 8 + 2 = ☐

❹ 3 + 5 = ☐

❺ 3 + 7 = ☐

Resuelve el problema.

Muestra tu trabajo. Usa dibujos, números o palabras.

❻ Kate tiene 2 libros. Compra algunos más. Luego tiene 9 libros. ¿Cuántos libros compra Kate?

libro

☐ ____________________
rótulo

❼ **Amplía tu razonamiento** Mira el problema anterior. ¿Necesita la respuesta un rótulo para tener sentido? Explica.

____

____

Nombre ____________________

Cuenta hacia adelante para resolver.

1. $8 - 4 = \square$
2. $10 - 6 = \square$
3. $7 - 5 = \square$

4. $\begin{array}{r} 9 \\ -4 \\ \hline \end{array}$
5. $\begin{array}{r} 5 \\ -3 \\ \hline \end{array}$
6. $\begin{array}{r} 7 \\ -2 \\ \hline \end{array}$

Resuelve el problema.

Muestra tu trabajo. Usa dibujos, números o palabras.

7. Hay 10 personas en el autobús. Luego 7 se bajan. ¿Cuántas personas hay en el autobús ahora?

autobús

$\square$ ____________________
rótulo

8. Daniel tiene 10 caracoles en su bolsa. Luego regala 3 caracoles. ¿Cuántos caracoles tiene ahora?

caracol

$\square$ ____________________
rótulo

3-7
Recuerda

Nombre ____________________

Resta.

1. $8 - 1 = \square$
2. $3 - 1 = \square$
3. $10 - 1 = \square$
4. $7 - 0 = \square$
5. $4 - 0 = \square$
6. $9 - 0 = \square$

Usa dobles para resolver.

7. $2 + 2 = \square$
8. $5 + 5 = \square$
9. $4 + 4 = \square$
10. $4 - 2 = \square$
11. $10 - 5 = \square$
12. $8 - 4 = \square$

Resuelve el problema.

Muestra tu trabajo. Usa dibujos, números o palabras.

13. Tengo 10 botones. 8 son negros. Los demás son rojos. ¿Cuántos botones son rojos?

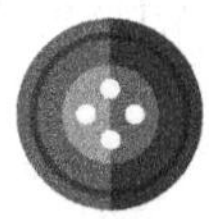
botón

$\square$ ____________________
rótulo

14. **Amplía tu razonamiento** Dibuja una montaña matemática para resolver el problema 13.

3-8
Haz la tarea

Nombre ____________________

Cuenta hacia adelante para resolver.

1. 6 − 4 = ☐
2. 9 − 5 = ☐
3. 8 − 2 = ☐

4. $\begin{array}{r} 10 \\ -\ 3 \\ \hline \end{array}$
5. $\begin{array}{r} 7 \\ -\ 3 \\ \hline \end{array}$
6. $\begin{array}{r} 9 \\ -\ 6 \\ \hline \end{array}$

Resuelve el problema.

Muestra tu trabajo. Usa dibujos, números o palabras.

7. 7 niñas juegan. 3 saltan la cuerda. El resto están en los columpios. ¿Cuántas niñas hay en los columpios?

columpio

☐ ____________________
rótulo

8. Veo 9 murciélagos en un árbol. Luego 2 se van volando. ¿Cuántos murciélagos quedan?

murciélago

☐ ____________________
rótulo

Nombre ______________________________

Subraya el número mayor.
Cuenta hacia adelante a partir de ese número.

1. $3 + 6 = \square$
2. $3 + 2 = \square$
3. $5 + 2 = \square$
4. $2 + 8 = \square$

Cuenta hacia adelante para resolver.

5. $8 - 5 = \square$
6. $7 - 3 = \square$
7. $10 - 8 = \square$
8. $\begin{array}{r} 7 \\ -\,4 \\ \hline \end{array}$
9. $\begin{array}{r} 6 \\ -\,4 \\ \hline \end{array}$
10. $\begin{array}{r} 9 \\ -\,5 \\ \hline \end{array}$

Resuelve el problema.

Muestra tu trabajo. Usa dibujos, números o palabras.

11. 9 niños juegan al pillarse. Luego 6 quedan afuera. ¿Cuántos niños juegan al pillarse ahora?

niños

☐ ______________
rótulo

12. **Amplía tu razonamiento** Escribe una ecuación para el problema 11.

____

3-9
Haz la tarea

Nombre ______________________

Resuelve. Mira los signos.

1. $4 + 5 = \square$
2. $5 + \square = 8$
3. $\square + 4 = 7$
4. $8 - 3 = \square$
5. $10 - \square = 5$
6. $\square - 6 = 3$

Resuelve el problema.

Muestra tu trabajo. Usa dibujos, números o palabras.

7. Una ardilla encuentra 6 nueces. Se come 2. ¿Cuántas nueces quedan?

ardilla

$\square$ ______________
rótulo

8. María tiene 8 flores. Regala algunas. Quedan 5 flores. ¿Cuántas regala?

flor

$\square$ ______________
rótulo

9. Vito tiene 7 uvas. Consigue algunas uvas más. Ahora tiene 10 uvas. ¿Cuántas uvas consigue?

uvas

$\square$ ______________
rótulo

3-9
Recuerda

Nombre ______________________________

Cuenta hacia adelante para resolver.

1. $\begin{array}{r} 8 \\ -\ 2 \\ \hline \end{array}$

2. $\begin{array}{r} 5 \\ -\ 4 \\ \hline \end{array}$

3. $\begin{array}{r} 10 \\ -\ 3 \\ \hline \end{array}$

4. $\begin{array}{r} 9 \\ -\ 5 \\ \hline \end{array}$

5. $\begin{array}{r} 6 \\ -\ 4 \\ \hline \end{array}$

6. $\begin{array}{r} 7 \\ -\ 3 \\ \hline \end{array}$

Resuelve. Escribe cuántos quedan.

7. Hay 8 peces.

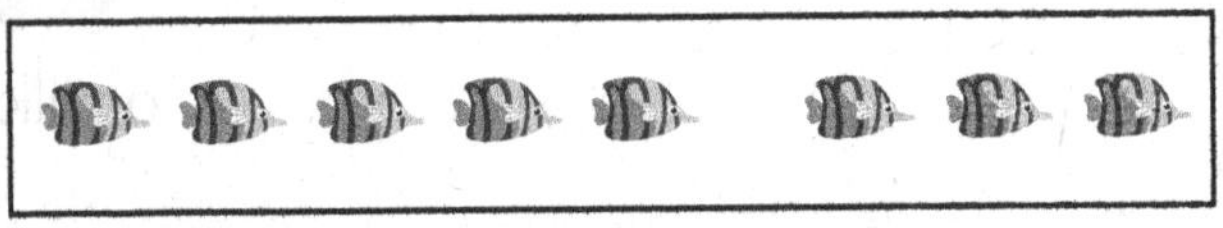

Luego 5 se van nadando.

$8 - 5 = \square$

Resuelve el problema.

Muestra tu trabajo. Usa dibujos, números o palabras.

8. Veo 8 pájaros en un árbol.
Luego 4 pájaros se van volando.
¿Cuántos pájaros quedan?

pájaro

$\square$ ______________
rótulo

9. **Amplía tu razonamiento** Completa el problema.
Luego escribe una ecuación para resolverlo.
Jake tiene 6 camiones de juguete. Algunos son grandes. 2 son pequeños.

____

____

3-10
Haz la tarea

Nombre ______________________________

Resuelve. Mira los signos.

❶ $3 + 7 = \square$ ❷ $6 + \square = 9$ ❸ $\square + 2 = 7$

❹ $7 - 2 = \square$ ❺ $8 - \square = 4$ ❻ $\square - 2 = 8$

Resuelve el problema.

Muestra tu trabajo. Usa dibujos, números o palabras.

---

❼ Veo 8 nubes en el cielo. Luego 6 nubes se alejan. ¿Cuántas nubes quedan?

nube

☐ ______________
rótulo

---

❽ Vemos 5 mariposas en la cerca. Luego algunas se posan en una roca. Ahora hay 9 mariposas. ¿Cuántas se posan en la roca?

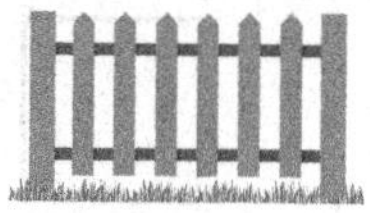

cerca

☐ ______________
rótulo

---

❾ Hay unos barcos en el amarradero. Luego 4 se van navegando. Ahora hay 6 barcos. ¿Cuántos barcos había antes?

barco

☐ ______________
rótulo

3-10
Recuerda

Nombre ______________________________

Resta y escribe la ecuación.

❶ 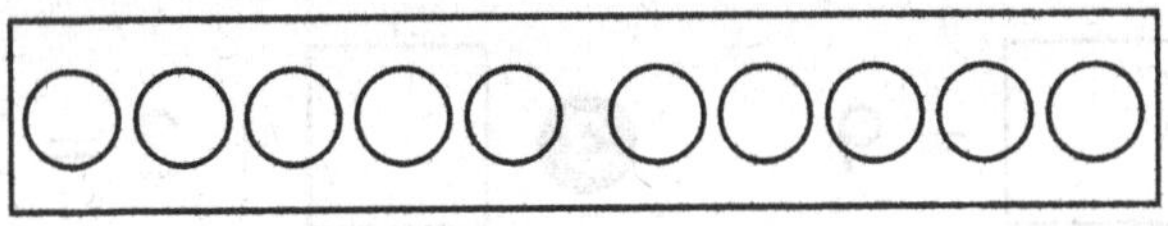

Resta 4

____
Ecuación

❷ 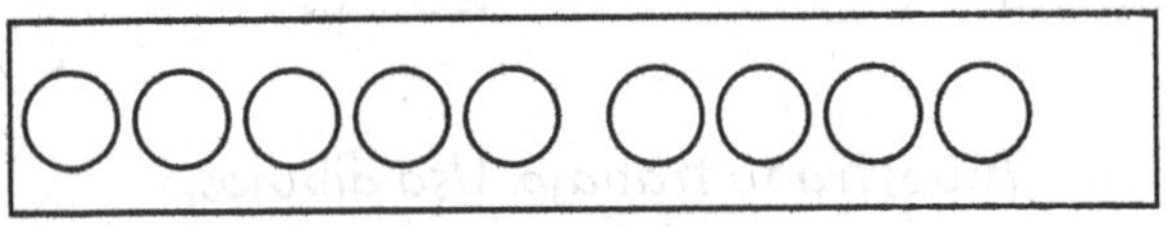

Resta 5

____
Ecuación

Halla el número de animales que hay en el establo.

❸ 8 total

☐ en el establo

❹ 10 total

☐ en el establo

Resuelve. Mira los signos.

❺ $5 + 4 = \square$

❻ $7 + \square = 10$

❼ $\square + 2 = 10$

❽ $8 - 4 = \square$

❾ $7 - \square = 4$

❿ $\square - 2 = 4$

⓫ **Amplía tu razonamiento** ¿Cómo resolviste el ejercicio 6?

____

3-11
Haz la tarea

Nombre ____________________

Resuelve. Mira los signos.

❶ $3 + 6 = \square$ ❷ $5 + \square = 9$ ❸ $\square + 2 = 7$

❹ $7 - 4 = \square$ ❺ $10 - \square = 7$ ❻ $\square - 5 = 3$

Resuelve el problema.

Muestra tu trabajo. Usa dibujos, números o palabras.

---

❼ Vemos algunas cebras. 6 se van. Ahora hay 2 cebras. ¿Cuántas cebras hay al principio?

cebra

☐ ____________________
rótulo

---

❽ Tim tenía 10 carritos de juguete en su habitación. Luego regala algunos. Ahora hay 4. ¿Cuántos carritos de juguete regala?

carrito de juguete

☐ ____________________
rótulo

---

❾ Zoe tiene 4 lápices en su escritorio. Consigue más lápices. Ahora tiene 9 lápices. ¿Cuántos lápices consigue?

escritorio

☐ ____________________
rótulo

Nombre ____________________

Suma.

1. $\begin{array}{r} 8 \\ +\ 2 \\ \hline \end{array}$
2. $\begin{array}{r} 3 \\ +\ 7 \\ \hline \end{array}$
3. $\begin{array}{r} 1 \\ +\ 9 \\ \hline \end{array}$
4. $\begin{array}{r} 6 \\ +\ 4 \\ \hline \end{array}$
5. $\begin{array}{r} 5 \\ +\ 5 \\ \hline \end{array}$
6. $\begin{array}{r} 4 \\ +\ 6 \\ \hline \end{array}$

Cuenta hacia adelante para hallar la parte desconocida.

7. 8 + ☐ = 10
8. 2 + ☐ = 7
9. 9 + ☐ = 10
10. 5 + ☐ = 7
11. 7 + ☐ = 10
12. 4 + ☐ = 8

Resuelve el problema.

Muestra tu trabajo. Usa dibujos, números o palabras.

13. Veo 9 carros en el estacionamiento. Luego 4 carros se van. ¿Cuántos carros quedan?

carro

☐ ____________________
rótulo

14. **Amplía tu razonamiento** Silvia escribe la ecuación 4 + [5] = 9 para resolver el problema 13.

Escribe una ecuación de resta para resolver el problema.

____

3-12
Haz la tarea

Nombre ______________________________

Usa el dibujo para escribir un problema.
Escribe y resuelve la ecuación.

☐ ◯ ☐ = ☐

☐ ______________
rótulo

Nombre ______________________________

Resuelve el problema.

Muestra tu trabajo. Usa dibujos, números o palabras.

1 Yolanda tiene 9 gatos. 2 son negros. El resto son blancos. ¿Cuántos gatos son blancos?

gato

☐ ______________
rótulo

2 Hay 5 limones en una bandeja. Quitamos 3. ¿Cuántos limones quedan?

bandeja

☐ ______________
rótulo

3 Tengo 8 CD. Compro unos CD más. Ahora tengo 10 CD. ¿Cuántos CD compro?

CD

☐ ______________
rótulo

4 **Amplía tu razonamiento** Completa los números para hacer tu propio problema. Luego resuélvelo.

Tengo ☐ manzanas. Compro algunas más.

Ahora tengo ☐ manzanas.

¿Cuántas manzanas compro?

☐ ______________
rótulo

4-1
Haz la tarea

Nombre ______________________

¿Cuántas estrellas hay? Cuenta de decena en decena.

1

____ ____ ____ ____ ____ ____ ____
Total

Suma 1 decena.

2

$60 + 10 =$ ☐

3

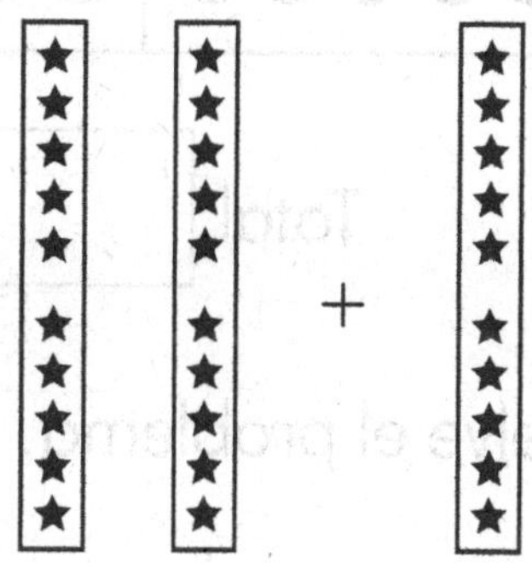

$20 + 10 =$ ☐

4 $80 + 10 =$ ☐

5 $90 + 10 =$ ☐

6 $40 + 10 =$ ☐

7 $70 + 10 =$ ☐

Nombre ______________________

Escribe las partes.

1 5, 5, 5, 5

Escribe las partes y el total de cada dibujo de círculos.

2 ☐ + ☐

●●●●● ○○○○○

Total ☐

3 ☐ + ☐

●●●●● ●● ○○

Total ☐

Resuelve el problema.

Muestra tu trabajo. Usa dibujos, números o palabras.

4 Hay 5 pollitos en el gallinero.
Vienen más pollitos. Ahora hay 9 pollitos.
¿Cuántos pollitos vienen?

pollito

☐ ______________
rótulo

5 **Amplía tu razonamiento** ¿Qué número es 5 decenas y 10 unidades? Escribe el número. Dibuja para explicar. ☐

4-2
Haz la tarea

Nombre ____________________

Escribe cuántos hay.

1 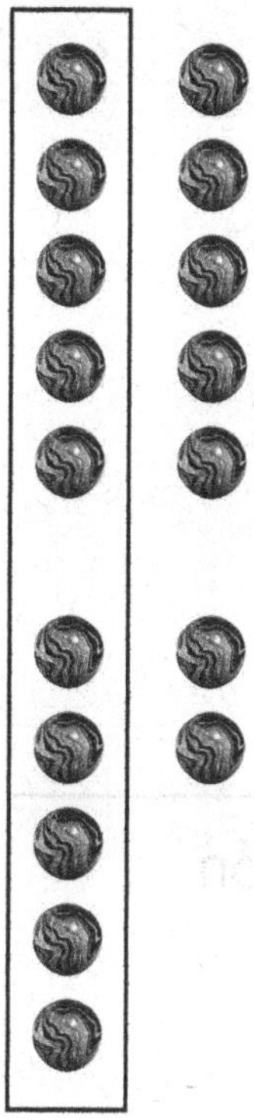 ☐

2  ☐

3  ☐

4  ☐

5  ☐

Halla el total o la parte desconocida.

6 10 + 6 = ☐

7 10 + ☐ = 18

8 10 + 1 = ☐

9 10 + ☐ = 15

Comienza en 10. Cuenta. Escribe los números del 11 al 19.

10

10				14
		17		

Nombre ______________________________

Escribe las partes y las partes cambiadas.

1 tren de 8

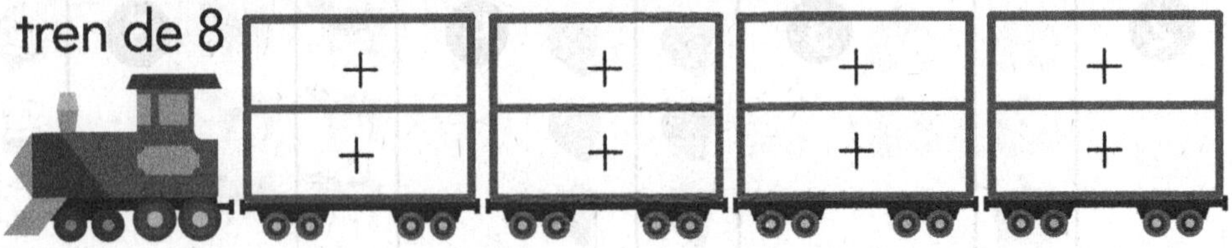

Escribe las partes y el total. Luego escribe la ecuación.

2 ☐ + ☐

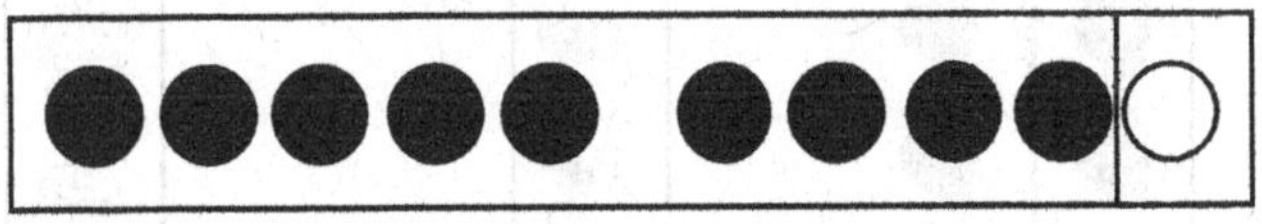

Total ☐

____
Ecuación

Suma 1 decena.

3 $60 + 10 =$ ☐

4 $20 + 10 =$ ☐

5 $80 + 10 =$ ☐

6 $50 + 10 =$ ☐

7 $70 + 10 =$ ☐

8 $30 + 10 =$ ☐

9 **Amplía tu razonamiento** Si $10 + 7 = 17$, entonces, ¿cuánto es $20 + 7$? Dibuja para explicar.

$20 + 7 =$ ☐

4-3
Haz la tarea

Nombre ____________________

Escribe cuántos hay.

1 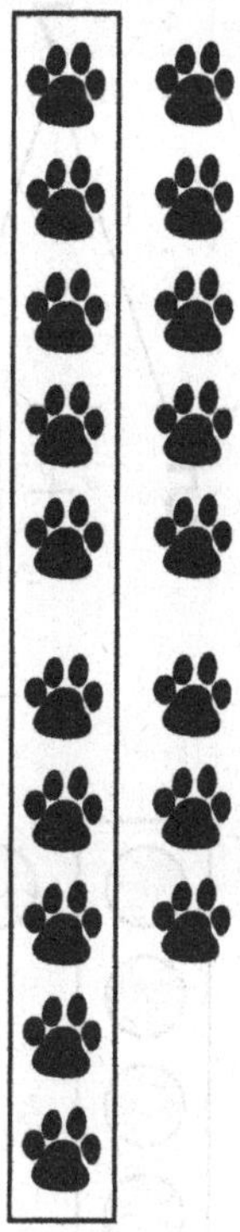

2 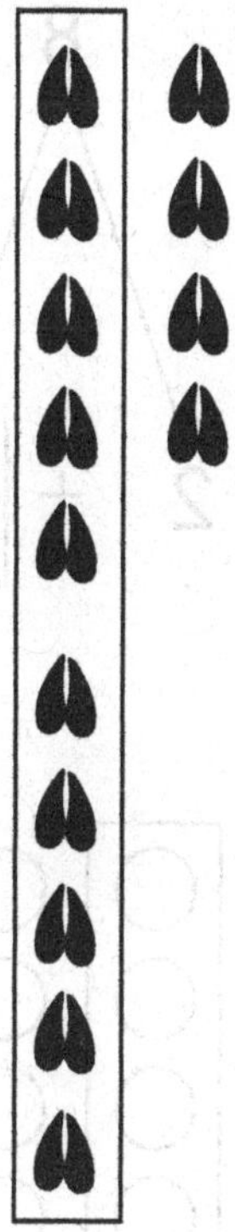

3 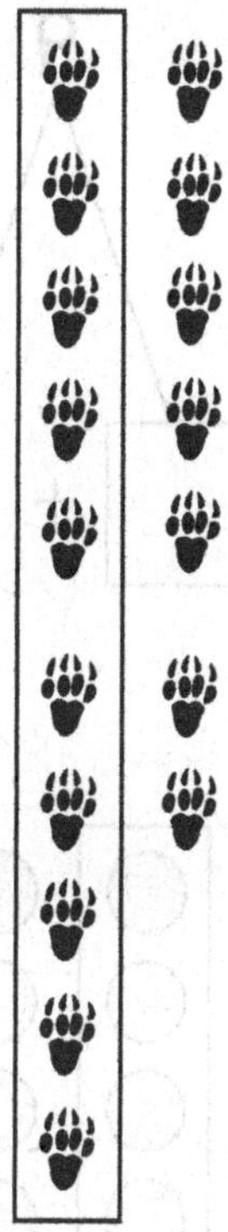

4 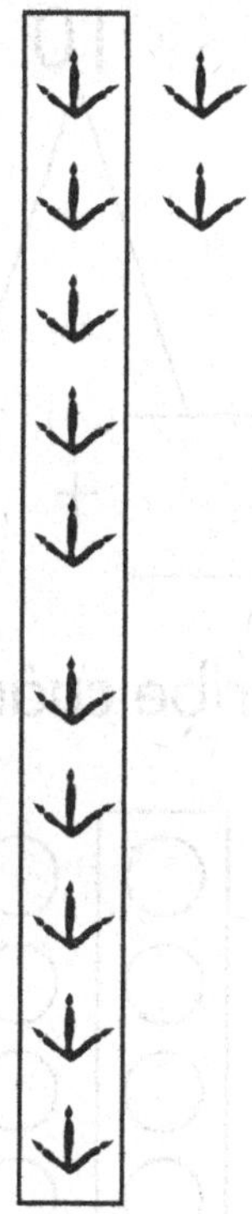

Halla el total.

5 $10 + 9 =$ ☐

6 $10 + 4 =$ ☐

7 $10 + 2 =$ ☐

8 $10 + 8 =$ ☐

9 $10 + 6 =$ ☐

Escribe el número del 11 al 19.

10 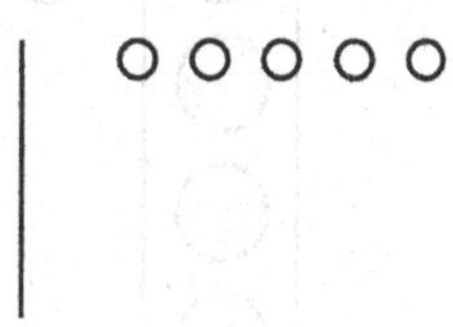 ☐

11  ☐

12 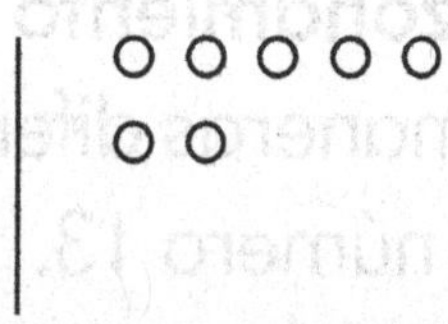 ☐

4-3
Recuerda

Nombre ____________________

Halla la parte desconocida.

❶ 10 → ☐ + 7

❷ 9 → ☐ + 3

❸ 8 → 2 + ☐

❹ 7 → 5 + ☐

Escribe cuántos hay.

❺ 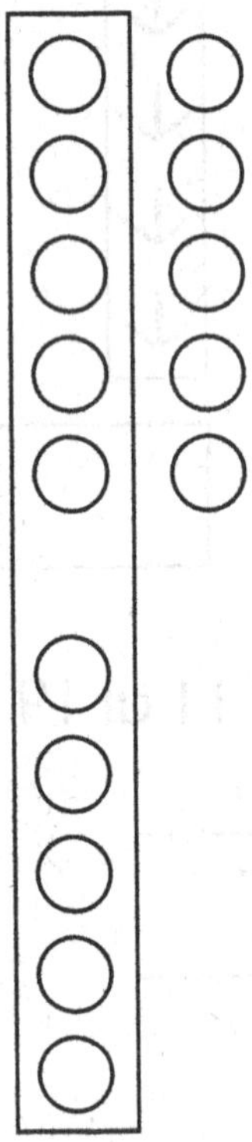 ☐

❻ 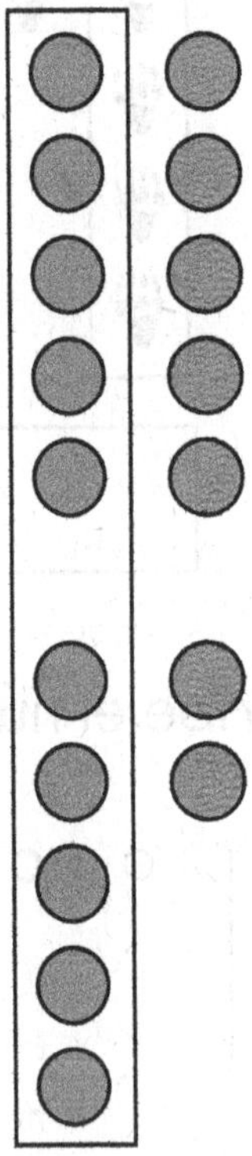 ☐

❼ 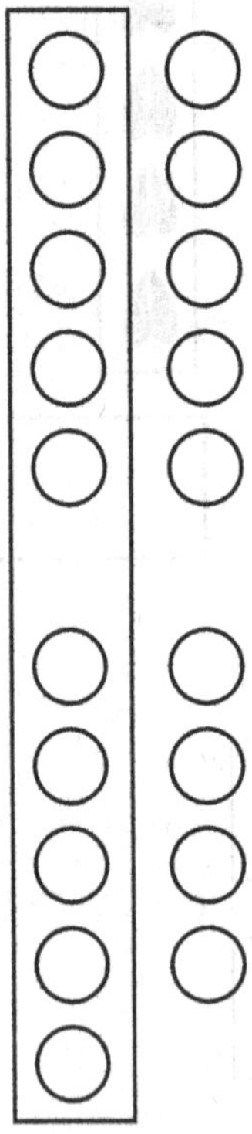 ☐

❽ 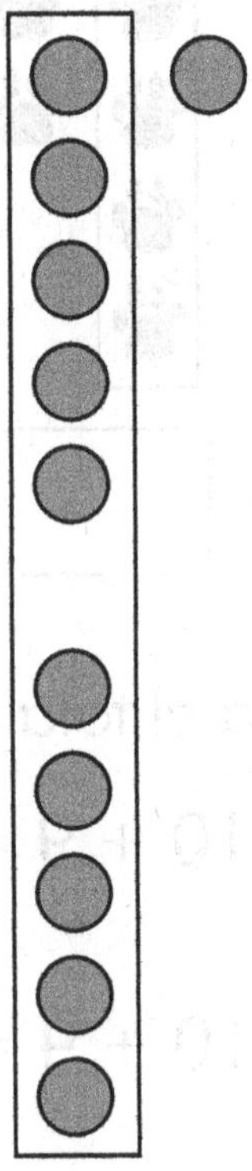 ☐

❾ **Amplía tu razonamiento** Escribe o dibuja dos maneras diferentes de mostrar el número 13.

Nombre ______________________

Escribe una ecuación para el dibujo. Luego forma una decena.

1 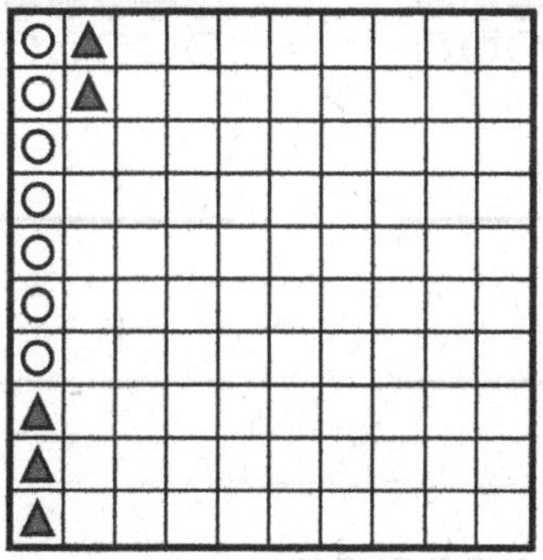

7 + ______

10 + ______

2 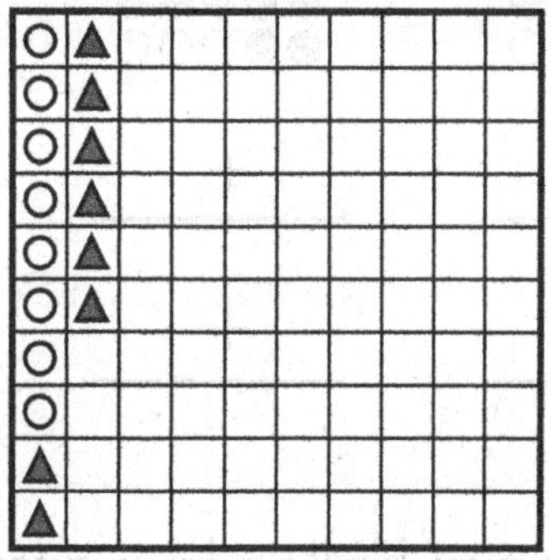

______

______

3 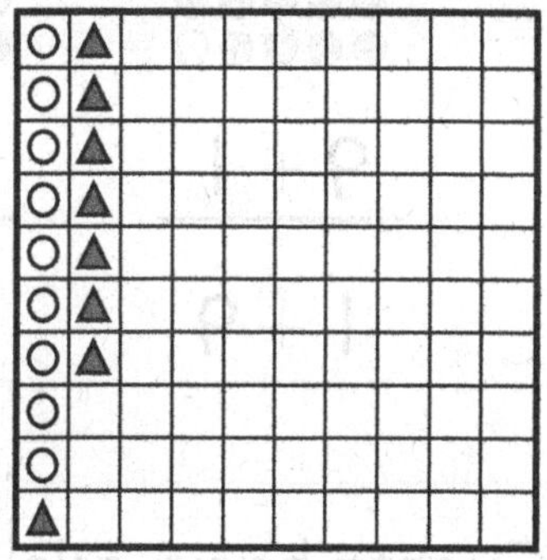

______

______

4 Emily tiene una caja de 10 jabones y 4 jabones adicionales. ¿Cuántos jabones tiene?

jabón

☐ ______
rótulo

Halla el total.

5 $7 + 6 = \square$

6 $9 + 6 = \square$

7 $8 + 4 = \square$

8 $\begin{array}{r} 6 \\ +\ 5 \\ \hline \end{array}$

9 $\begin{array}{r} 9 \\ +\ 8 \\ \hline \end{array}$

10 $\begin{array}{r} 7 \\ +\ 7 \\ \hline \end{array}$

Nombre ____________________

❶ Escribe las partes de 10 y las partes cambiadas.

●●●●● ●●●●○	●●●●● ●●●○○	●●●●● ●●○○○	●●●●● ●○○○○	●●●●● ○○○○○
9 + 1	___ + ___	___ + ___	___ + ___	___ + ___
1 + 9	___ + ___	___ + ___	___ + ___	___ + ___

Cuenta hacia adelante para hallar la parte desconocida.

❷ 5 + ☐ = 8 ❸ 6 + ☐ = 9 ❹ 5 + ☐ = 10

Cuenta hacia adelante para resolver.

❺ $\begin{array}{r} 9 \\ -\ 5 \\ \hline \end{array}$ ❻ $\begin{array}{r} 7 \\ -\ 3 \\ \hline \end{array}$ ❼ $\begin{array}{r} 10 \\ -\ 9 \\ \hline \end{array}$ ❽ $\begin{array}{r} 6 \\ -\ 4 \\ \hline \end{array}$

Escribe el número del 11 al 19.

❾ | ○○○○ ☐

❿ | ○○○○○ ○ ☐

⓫ **Amplía tu razonamiento** Elige un total del 11 al 19. Escribe tres ecuaciones que muestren diferentes partes de tu total.

____________ ____________ ____________

Ecuación Ecuación Ecuación

4-5
Haz la tarea

Nombre ____________________

Resuelve el problema.

Muestra tu trabajo. Usa dibujos, números o palabras.

❶ Hay 5 niños dentro de la tienda y 8 niños fuera de la tienda. ¿Cuántos niños hay?

tienda

☐ ____________________
rótulo

❷ Atrapé 9 peces ayer. Atrapé 7 peces hoy. ¿Cuántos peces atrapé en total?

pez

☐ ____________________
rótulo

Halla el total del 11 al 19.

❸ 8 + 7 = ☐ ❹ 9 + 3 = ☐ ❺ 4 + 8 = ☐

❻ 9 + 6 = ☐ ❼ 8 + 8 = ☐ ❽ 8 + 9 = ☐

❾ 7 + 7 = ☐ ❿ 5 + 7 = ☐ ⓫ 6 + 5 = ☐

4-5
Recuerda

Nombre ______________________

Cuenta hacia adelante para hallar el total.

1. $2 + 5 = \square$
2. $4 + 2 = \square$
3. $3 + 7 = \square$
4. $6 + 4 = \square$
5. $3 + 5 = \square$
6. $5 + 4 = \square$

Cuenta hacia adelante para hallar la parte desconocida.

7. $6 + \square = 9$
8. $8 + \square = 10$
9. $5 + \square = 10$
10. $5 + \square = 8$
11. $4 + \square = 7$
12. $7 + \square = 9$

Escribe una ecuación para el dibujo. Luego forma una decena.

13. 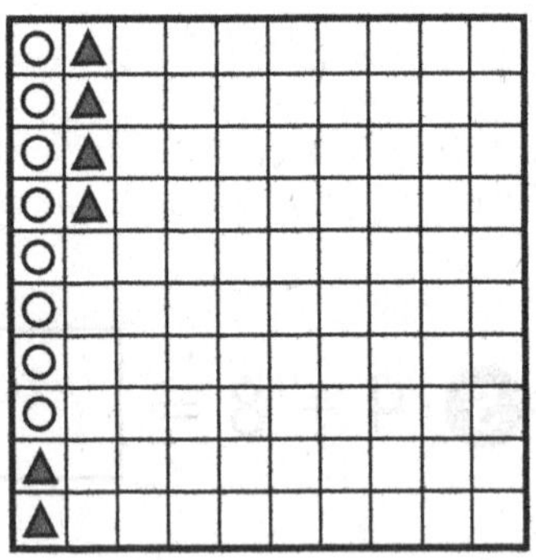

____

____

14. 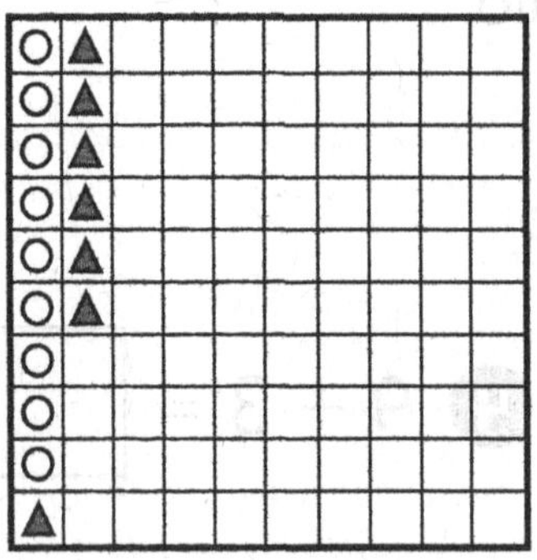

____

____

15. 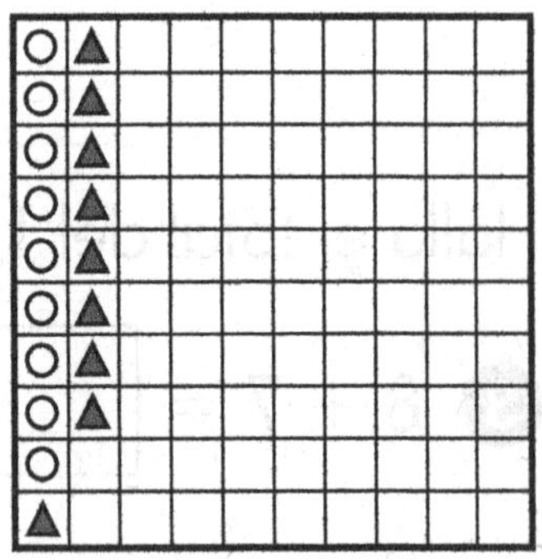

____

____

16. **Amplía tu razonamiento** Escribe un problema para $9 + 5 = \square$. Resuélvelo.

____

____

4-6
Haz la tarea

Nombre ______________________

Halla el total.

1. 9 + 9 = [ ]
2. 5 + 5 = [ ]
3. 8 + 8 = [ ]
4. 7 + 7 = [ ]
5. 10 + 10 = [ ]
6. 6 + 6 = [ ]

Usa un doble para hallar el total.

7. 6 + 8 = [ ]
8. 8 + 9 = [ ]
9. 7 + 6 = [ ]
10. 5 + 6 = [ ]
11. 7 + 9 = [ ]
12. 5 + 4 = [ ]
13. 7 + 5 = [ ]
14. 7 + 8 = [ ]
15. 6 + 4 = [ ]
16. 9 + 8 = [ ]
17. 8 + 7 = [ ]
18. 8 + 10 = [ ]
19. 8 + 6 = [ ]
20. 6 + 5 = [ ]
21. 9 + 10 = [ ]
22. 6 + 7 = [ ]
23. 9 + 7 = [ ]
24. 5 + 7 = [ ]

4-6
Recuerda

Nombre ____________________

Subraya el número mayor.
Cuenta hacia adelante a partir de ese número.

❶ 2 + 8 = ☐

❷ 7 + 3 = ☐

❸ 5 + 2 = ☐

❹ 4 + 5 = ☐

Resuelve el problema.

Muestra tu trabajo. Usa dibujos, números o palabras.

---

❺ Adam tiene 10 manzanas. 7 manzanas son rojas y el resto son verdes.
¿Cuántas manzanas son verdes?

manzana

☐ ____________________
rótulo

---

❻ Leí 8 libros esta semana. Leí 7 libros la semana pasada.
¿Cuántos libros leí en total?

libro

☐ ____________________
rótulo

❼ **Amplía tu razonamiento** Busca un patrón.
Halla el doble de 11.

8 + 8 = 16
9 + 9 = 18
10 + 10 = 20
11 + 11 = ☐

Nombre ____________________

❶ ¿Cuántas tortugas hay?

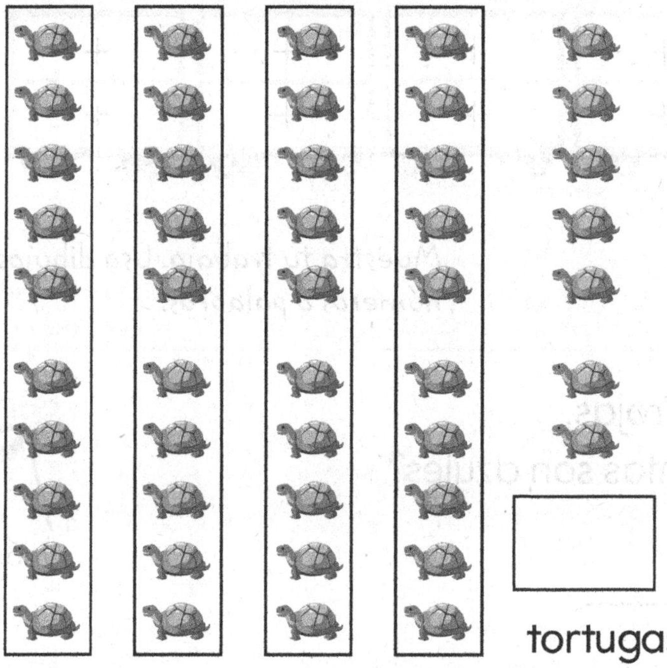

[ ] tortugas

❷ ¿Cuántas mariposas hay?

[ ] mariposas

Escribe los números.

❸

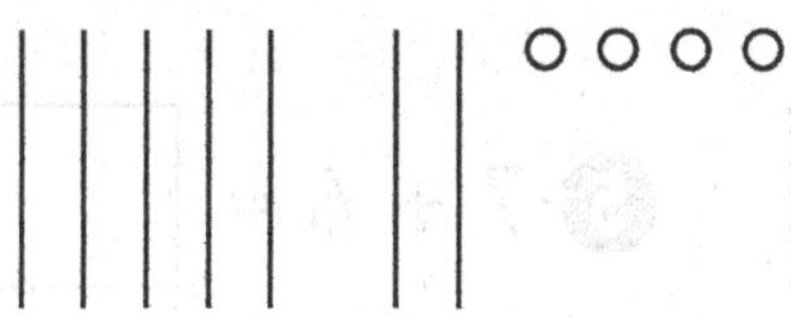

_____ = _____ decenas _____ unidades

❹

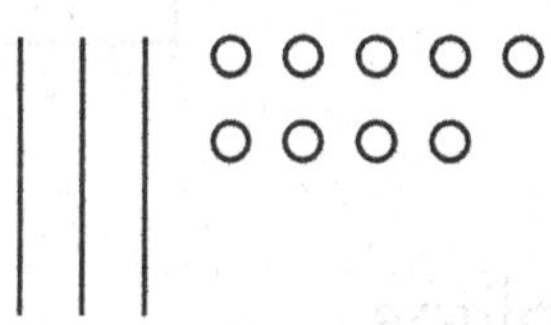

_____ = _____ decenas _____ unidades

❺

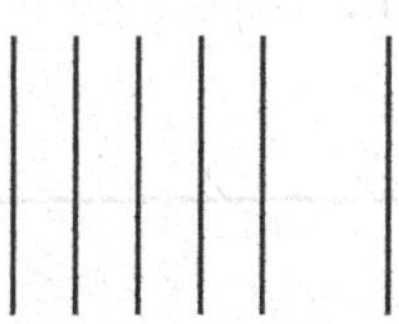

_____ = _____ decenas _____ unidades

Dibuja palitos de diez y círculos.

❻ 52

❼ 26

❽ 48

Nombre ______________________

Escribe las partes y las partes cambiadas.

❶ tren de 10

Resuelve el problema.

Muestra tu trabajo. Usa dibujos, números o palabras.

❷ Tengo 9 máscaras. 4 son rojas.
El resto son azules. ¿Cuántas son azules?

máscara

☐ ______________
rótulo

Usa un doble para hallar el total.

❸ 6 + 5 = ☐	❹ 9 + 8 = ☐	❺ 7 + 6 = ☐
❻ 5 + 7 = ☐	❼ 7 + 9 = ☐	❽ 6 + 8 = ☐

❾ **Amplía tu razonamiento** Tully dibuja cuatro palitos de diez y menos de diez círculos para formar un número. Escribe los números que Tully podría formar.

____

____

Nombre ______________________________

Escribe los números.

1 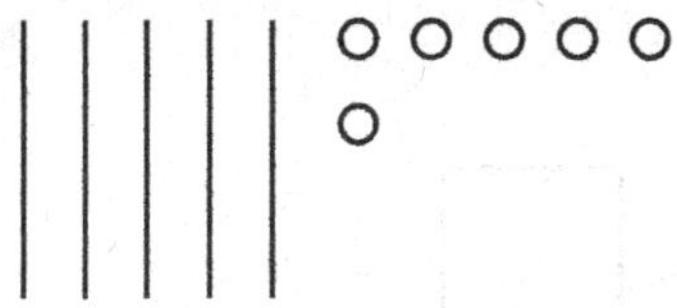

_____ = _____ decenas _____ unidades

2 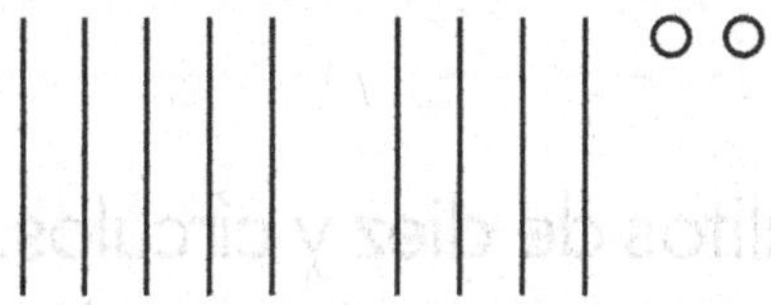

_____ = _____ decenas _____ unidades

Dibuja palitos de diez y círculos.

3 81

4 27

Escribe el número. Encierra en un círculo la palabra que representa el número.

5  ☐ dos doce veinte

6 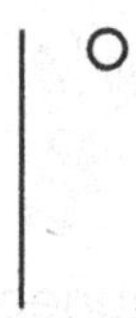 ☐ uno diez once

7 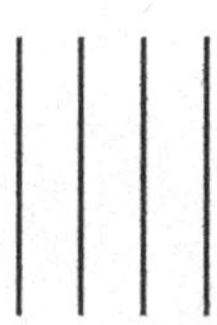 ☐ cuatro catorce cuarenta

8 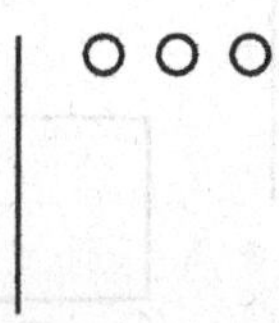 ☐ tres trece treinta

Nombre ______________________________

Subraya el número mayor. Cuenta hacia adelante a partir de ese número.

1. 5 + 2 = ☐

2. 6 + 3 = ☐

3. 3 + 7 = ☐

4. 1 + 9 = ☐

Escribe el número.

5. 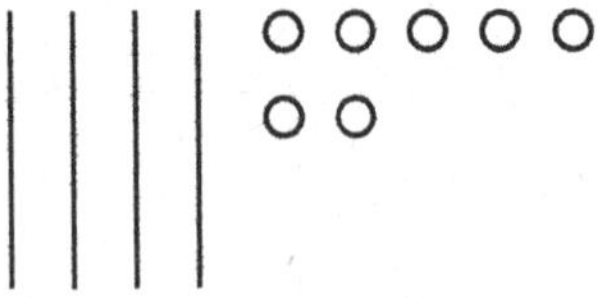 ☐

6. 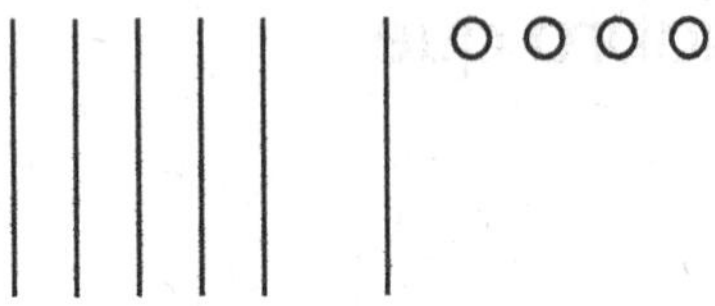 ☐

Dibuja palitos de diez y círculos.

7. 82

8. 39

Resuelve el problema.

Muestra tu trabajo. Usa dibujos, números o palabras.

9. Aria tiene 10 muñecas. Regala 5. ¿Cuántas muñecas quedan?

muñeca

☐ ______________________

rótulo

10. **Amplía tu razonamiento** Sue dice que el dibujo muestra 35. Liam dice que el dibujo muestra 53. Encierra en un círculo las decenas. Subraya las unidades. Escribe el número correcto.

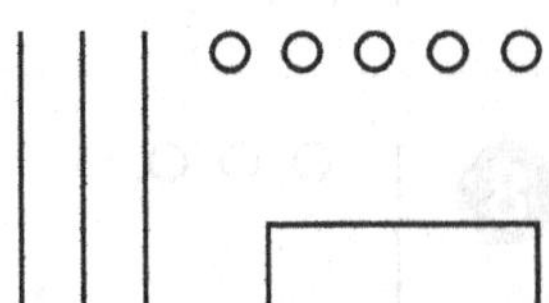

☐

4-9
Haz la tarea

Nombre ______________________

Escribe el número.

1 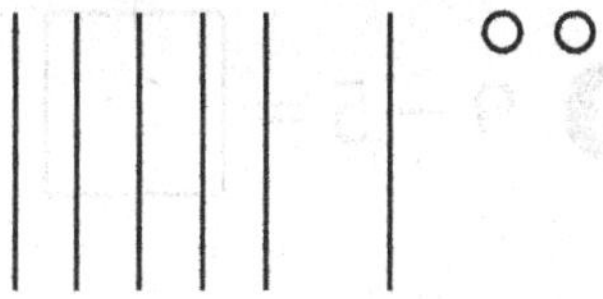 ☐

2 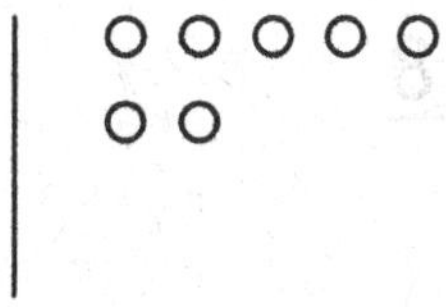 ☐

Dibuja palitos de diez y círculos.

3 73

4 19

Dibuja palitos de diez y círculos. Escribe el número que se muestra.

5 ☐ = 30 + 4

6 ☐ = 50 + 6

7 ☐ = 40 + 1

8 ☐ = 60 + 5

Escribe el número siguiente.

9 | 38 | 39 | ☐ |

10 | 58 | 59 | ☐ |

11 | 88 | 89 | ☐ |

12 | 48 | 49 | ☐ |

Nombre ______________________

Cuenta hacia adelante para resolver.

1. $8 - 4 = \square$
2. $10 - 7 = \square$
3. $9 - 5 = \square$
4. $9 - 6 = \square$
5. $7 - 5 = \square$
6. $10 - 8 = \square$

Escribe el número. Encierra en un círculo la palabra que representa el número.

7. 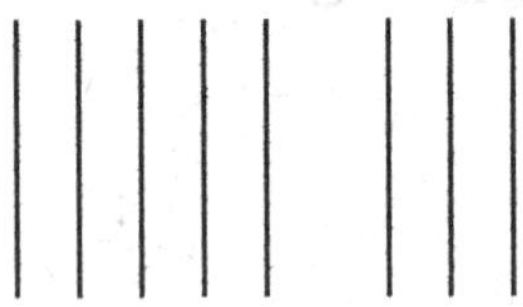

$\square$ ocho dieciocho ochenta

8. 

$\square$ siete diecisiete setenta

Halla el total. Luego forma una decena.

9. $8 + 7 = \square$

$10 + \square = \square$

10. $5 + 9 = \square$

$10 + \square = \square$

11. **Amplía tu razonamiento** ¿Qué número tiene 1 más que 99? Dibuja para mostrar cómo lo sabes.

$\square$

4-10 Haz la tarea

Nombre ______________________

Cada frasco tiene 10 frijoles. ¿Cuántos frijoles hay?

1 

☐

2 

☐

3 

☐

4 

☐

Cada caja de la tienda de *bagels* contiene 10 *bagels*.
Dibuja para resolver el problema.

5 Hay 7 cajas y 4 *bagels* adicionales. ¿Cuántos *bagels* hay?

☐ *bagels*

6 Hay 3 cajas y 8 *bagels* adicionales. ¿Cuántos *bagels* hay?

☐ *bagels*

Nombre ____________________

1 Escribe los números del 1 al 20.

1	2					7			
11			14						

Resuelve. Escribe cuántos quedan.

2 Hay 8 mariposas.

Luego 5 se van volando.

$8 - 5 = \square$

3 Hay 10 tortugas.

Luego 8 se van caminando.

$10 - 8 = \square$

Escribe el número siguiente.

4 78 | 79 | ☐

5 48 | 49 | ☐

6 88 | 89 | ☐

7 68 | 69 | ☐

8 **Amplía tu razonamiento** Elige y encierra en un círculo una manera de resolver 6 + 7. Luego dibuja para mostrar tu trabajo.

contar hacia adelante

formar una decena

dobles más 1

4-11
Haz la tarea

Nombre ______________________________

Cada caja tiene 10 crayones. ¿Cuántos crayones hay?

1
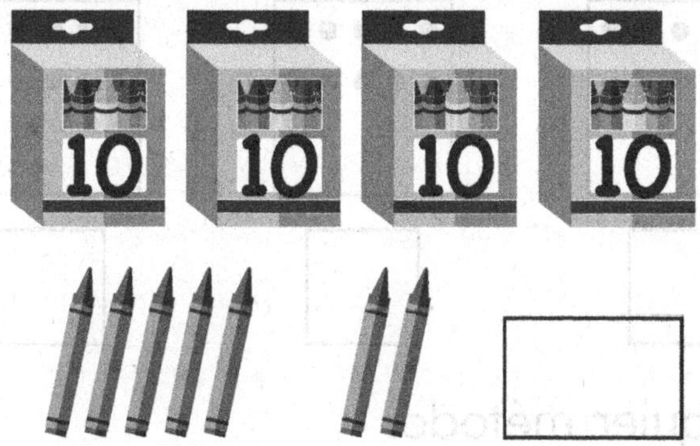
☐

2
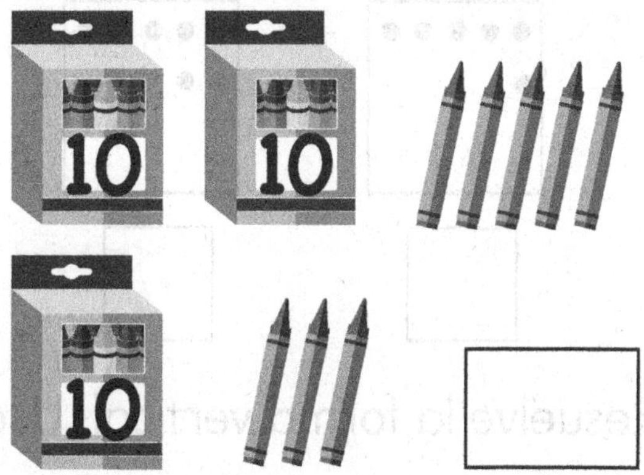
☐

3
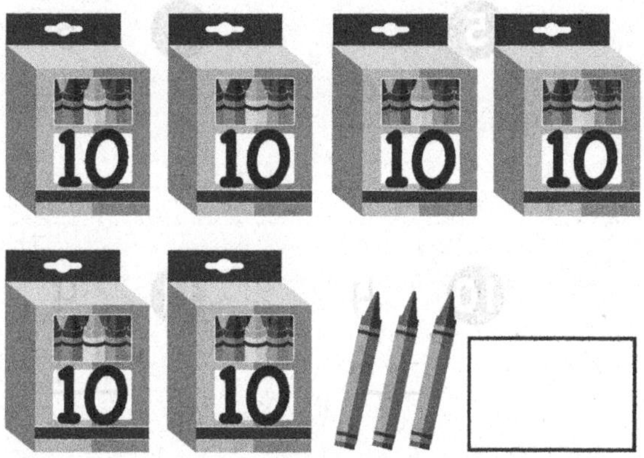
☐

4
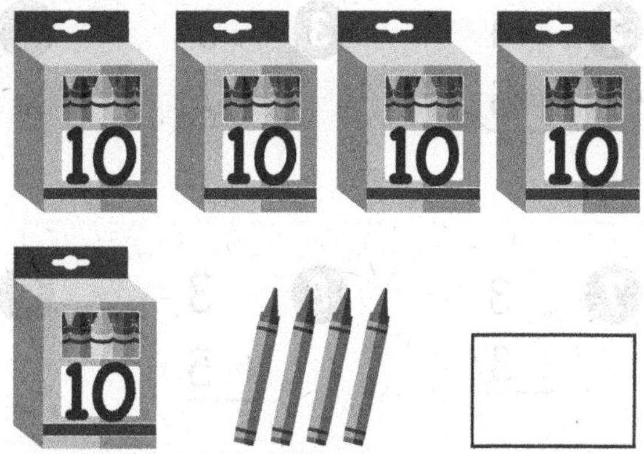
☐

Escribe los números.

5
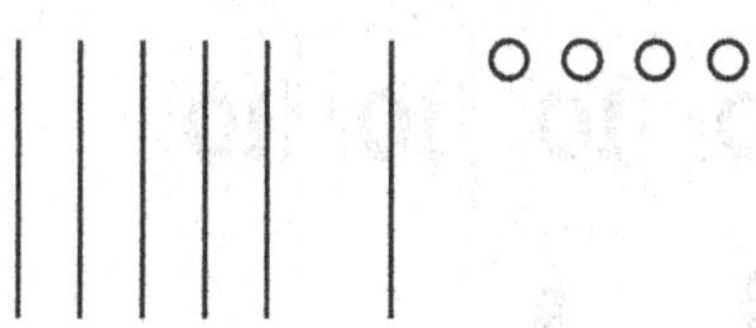

_____ = _____ decenas
_____ unidades

6
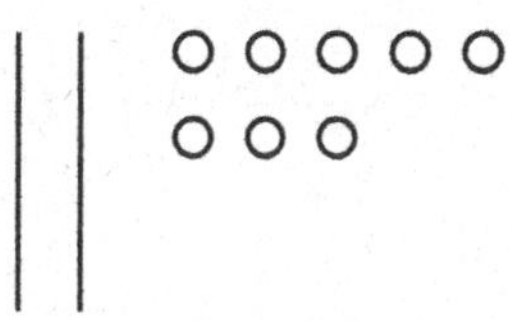

_____ = _____ decenas
_____ unidades

Dibuja palitos de diez y círculos.

7 34

8 62

Nombre ______________________________

1. Escribe cuántos puntos hay. Mira el 5 en cada grupo.

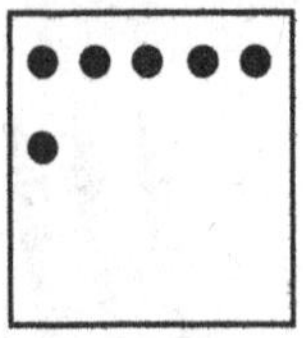 ☐

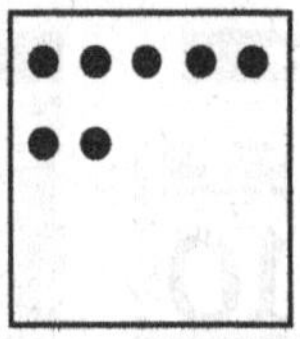 ☐

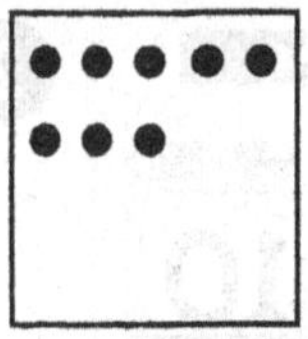 ☐

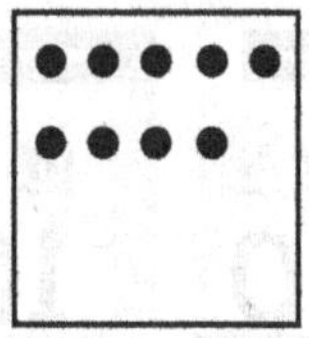 ☐

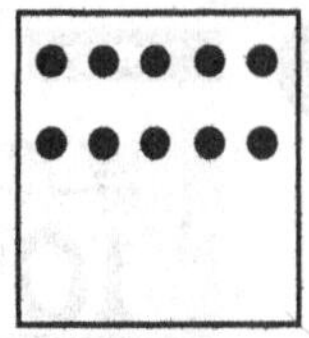 ☐

Resuelve la forma vertical. Usa cualquier método.

2. $\begin{array}{r} 4 \\ +5 \\ \hline \end{array}$

3. $\begin{array}{r} 3 \\ +7 \\ \hline \end{array}$

4. $\begin{array}{r} 9 \\ +1 \\ \hline \end{array}$

5. $\begin{array}{r} 1 \\ +9 \\ \hline \end{array}$

6. $\begin{array}{r} 5 \\ +2 \\ \hline \end{array}$

7. $\begin{array}{r} 3 \\ +3 \\ \hline \end{array}$

8. $\begin{array}{r} 3 \\ +5 \\ \hline \end{array}$

9. $\begin{array}{r} 1 \\ +8 \\ \hline \end{array}$

10. $\begin{array}{r} 4 \\ +6 \\ \hline \end{array}$

11. $\begin{array}{r} 4 \\ +4 \\ \hline \end{array}$

Cada frasco tiene 10 frijoles. ¿Cuántos frijoles hay?

12. 

☐

13. 

☐

14. **Amplía tu razonamiento** Dibuja un problema nuevo como el ejercicio 13. Muestra grupos de decena y adicionales. Escribe el número.

☐

4-12
Haz la tarea

Nombre ______________________

Compara los números.
Escribe $>$, $<$ o $=$.

1 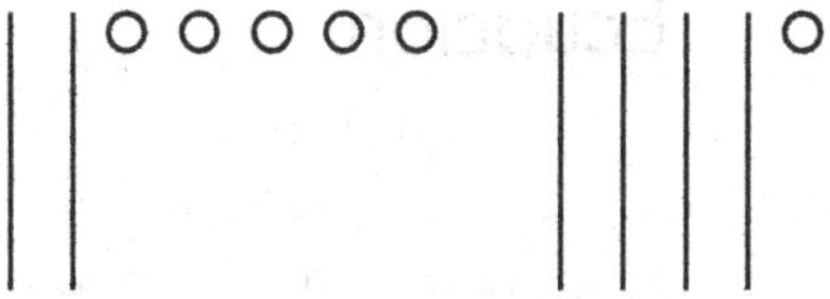

25 ◯ 41

2 

37 ◯ 32

3 46 ◯ 46 **4** 80 ◯ 79 **5** 30 ◯ 40

6 84 ◯ 93 **7** 51 ◯ 37 **8** 61 ◯ 16

9 44 ◯ 4 **10** 75 ◯ 75 **11** 56 ◯ 57

Compara los números de dos maneras.
Escribe los números.

12 Compara 18 y 21.

____ ◯ ____

____ ◯ ____

13 Compara 76 y 67.

____ ◯ ____

____ ◯ ____

14 Compara 42 y 43.

____ ◯ ____

____ ◯ ____

15 Compara 50 y 95.

____ ◯ ____

____ ◯ ____

Nombre ______________________

Resta y escribe la ecuación.

1 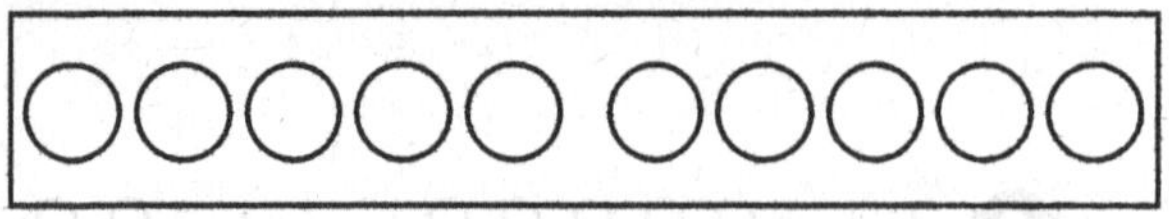

Resta 4

____
Ecuación

2 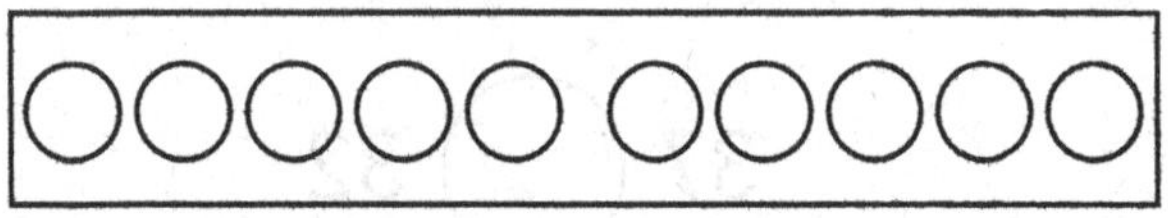

Resta 6

____
Ecuación

Resuelve. Mira los signos.

3 $5 + 5 = \square$

4 $8 + \square = 9$

5 $\square + 4 = 8$

6 $8 - 4 = \square$

7 $10 - \square = 7$

8 $\square - 2 = 7$

Escribe el número.

9  $\square$

10 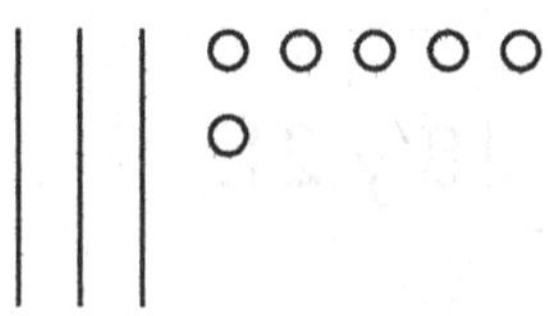 $\square$

11 **Amplía tu razonamiento** Escribe un número que sea mayor que 55 y menor que 65.

$\square$

Nombre ______________________

Suma.

1. 4 + 2 = ☐ 40 + 20 = ☐

2. 3 + 5 = ☐ 30 + 50 = ☐

3. 6 + 3 = ☐ 60 + 30 = ☐

4. 2 + 5 = ☐ 20 + 50 = ☐

5. 50 + 1 = ☐ 50 + 10 = ☐

6. 80 + 1 = ☐ 80 + 10 = ☐

7. Cada lata tiene 10 duraznos. ¿Cuántos duraznos hay en total?

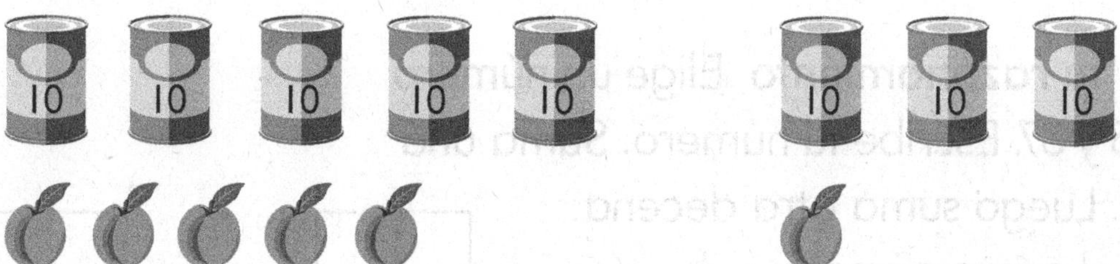

☐ duraznos

Nombre ______________________

Resuelve el problema.

Muestra tu trabajo. Usa dibujos, números o palabras.

---

1 Noah ve 10 tortugas. Algunas tortugas se van. Ahora hay 4 tortugas. ¿Cuántas tortugas se van?

tortuga

☐ ______________
rótulo

Halla la parte desconocida.

2 $5 + \square = 6$ **3** $8 + \square = 9$ **4** $6 + \square = 10$

5 $8 + \square = 10$ **6** $5 + \square = 8$ **7** $2 + \square = 7$

Compara los números.
Escribe <, > o =.

8 28 ◯ 28 **9** 18 ◯ 81 **10** 34 ◯ 36

11 97 ◯ 79 **12** 53 ◯ 53 **13** 60 ◯ 59

14 **Amplía tu razonamiento** Elige un número entre 25 y 37. Escribe tu número. Suma una decena. Luego suma otra decena. Escribe el nuevo número.

☐ Mi número ☐ Nuevo número

4-14
Haz la tarea

Nombre ______________________

Resuelve.

❶ 4 + 3 = ______

40 + 30 = ______

40 + 3 = ______

❷ 2 + 7 = ______

20 + 70 = ______

20 + 7 = ______

❸ 5 + 4 = ______

50 + 40 = ______

50 + 4 = ______

❹ 1 + 5 = ______

10 + 50 = ______

10 + 5 = ______

❺ 6 + 2 = ______

60 + 20 = ______

60 + 2 = ______

❻ 5 + 3 = ______

50 + 30 = ______

50 + 3 = ______

❼ 2 + 4 = ______

20 + 40 = ______

20 + 4 = ______

❽ 8 + 1 = ______

80 + 10 = ______

80 + 1 = ______

❾ Cada caja tiene 10 crayones.
¿Cuántos crayones hay en total?

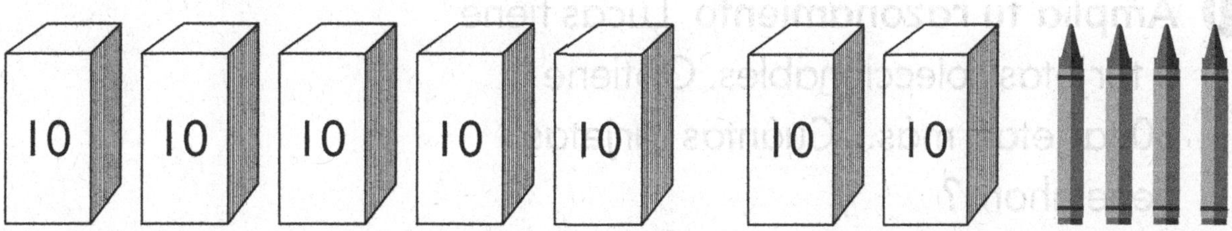

☐ crayones

Nombre ______________________

1 Escribe los números del 1 al 20.

1									
11									

Cuenta hacia adelante para hallar la parte desconocida.

2 5 + ☐ = 9

3 8 + ☐ = 10

4 7 + ☐ = 8

5 4 + ☐ = 7

6 7 + ☐ = 10

7 2 + ☐ = 5

Suma.

8 2 + 6 = ☐   20 + 60 = ☐

9 7 + 2 = ☐   70 + 20 = ☐

10 50 + 1 = ☐   50 + 10 = ☐

11 **Amplía tu razonamiento** Lucas tiene 5 tarjetas coleccionables. Obtiene 30 tarjetas más. ¿Cuántas tarjetas tiene ahora?

☐ tarjetas

4-15
Haz la tarea

Nombre ____________________

Halla el total.

❶ 38 + 4 = ☐ ❷ 42 + 5 = ☐ ❸ 56 + 7 = ☐

❹ 78 + 2 = ☐ ❺ 60 + 8 = ☐ ❻ 15 + 4 = ☐

❼ 59 + 3 = ☐ ❽ 92 + 6 = ☐ ❾ 81 + 5 = ☐

❿ 12 + 5 = ☐ ⓫ 23 + 7 = ☐ ⓬ 64 + 7 = ☐

Cuenta. Escribe los números.

⓭

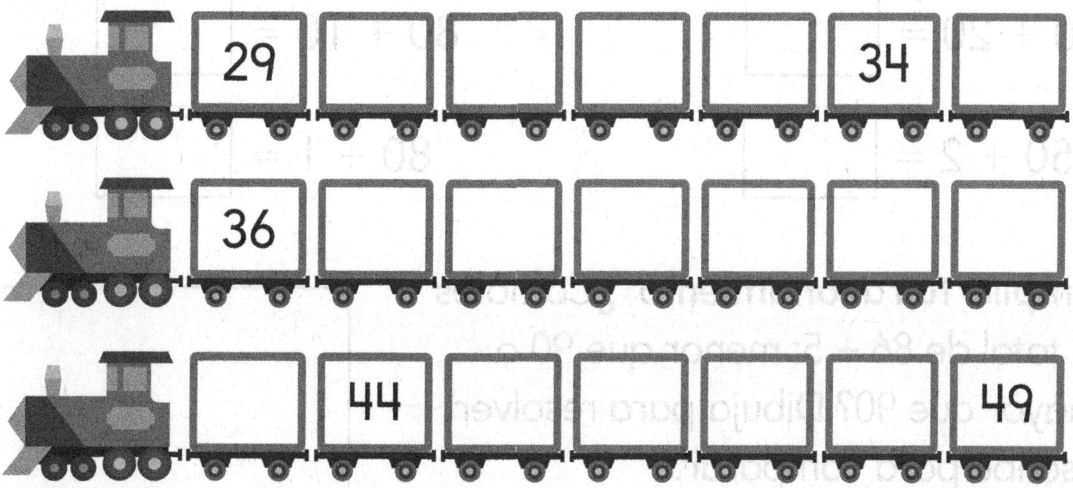

Nombre ____________________

Resuelve. Mira los signos.

1. $2 + 5 = \square$
2. $6 + \square = 10$
3. $\square + 8 = 10$
4. $9 - 4 = \square$
5. $10 - \square = 1$
6. $\square - 6 = 1$

Escribe el número.

7. 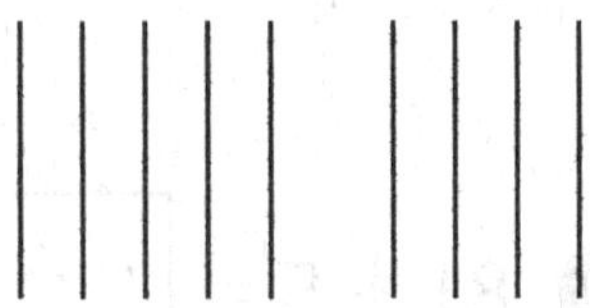 ☐

8. 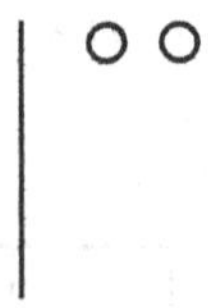 ☐

Dibuja palitos de diez y círculos.

9. 25

10. 58

Resuelve.

11. $5 + 2 = \square$

$50 + 20 = \square$

$50 + 2 = \square$

12. $8 + 1 = \square$

$80 + 10 = \square$

$80 + 1 = \square$

13. **Amplía tu razonamiento** ¿Cómo es el total de 86 + 5: menor que 90 o mayor que 90? Dibuja para resolver. Escribe para comparar.

☐ ◯ ☐

4-16
Haz la tarea

Nombre ______________________________

Halla el total. Usa cualquier método.

1. $57 + 6 = \square$
2. $32 + 8 = \square$
3. $76 + 5 = \square$
4. $15 + 2 = \square$
5. $90 + 9 = \square$
6. $65 + 7 = \square$
7. $79 + 3 = \square$
8. $58 + 4 = \square$
9. $67 + 9 = \square$
10. $89 + 1 = \square$

Compara. Escribe >, < o =.

11. 78 ◯ 80
12. 41 ◯ 40
13. 91 ◯ 9
14. 37 ◯ 56

Nombre ______________________

Resuelve el problema.

Muestra tu trabajo. Usa dibujos, números o palabras.

1. Hay 7 niños en el patio. Luego vienen 3 niños más. ¿Cuántos niños hay en el patio ahora?

niño

☐ ______________
rótulo

Escribe el número.

2. 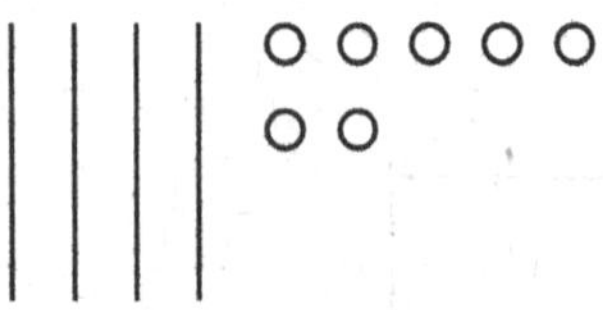 ☐

3. 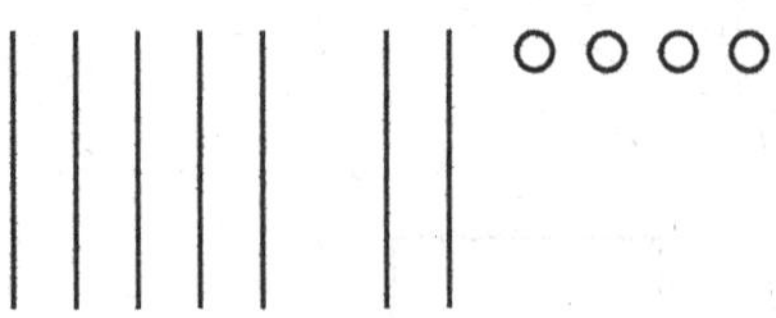 ☐

Dibuja palitos de diez y círculos.

4. 91

5. 36

Halla el total. Usa cualquier método.

6. 30 + 6 = ☐

7. 50 + 9 = ☐

8. 91 + 5 = ☐

9. 79 + 2 = ☐

10. 28 + 6 = ☐

11. 47 + 8 = ☐

12. **Amplía tu razonamiento** Ann tiene 65 fotos. Daniel tiene 78 fotos. ¿Quién tiene más fotos? Explica.

____

____

4-17
Haz la tarea

Nombre ______________________

Cuenta hacia adelante para sumar.

1. $48 + 3 =$ ☐
2. $72 + 4 =$ ☐
3. $69 + 4 =$ ☐
4. $30 + 9 =$ ☐
5. $50 + 7 =$ ☐
6. $86 + 5 =$ ☐
7. $36 + 2 =$ ☐
8. $47 + 6 =$ ☐
9. $23 + 5 =$ ☐
10. $59 + 7 =$ ☐
11. ☐ $= 12 + 6$
12. ☐ $= 60 + 9$
13. ☐ $= 39 + 3$
14. ☐ $= 49 + 1$
15. ☐ $= 22 + 7$
16. ☐ $= 65 + 9$

Nombre ______________________________

1 Escribe los números del 1 al 20.

1									
11									

Resuelve el problema.

Muestra tu trabajo. Usa dibujos, números o palabras.

2 Matt tiene 8 semillas para sembrar en una maceta roja y una maceta azul. ¿Cuántas semillas puede sembrar en cada maceta? Muestra dos respuestas.

semillas

☐ semillas en la maceta roja y ☐ semillas en la maceta azul

o ☐ semillas en la maceta roja y ☐ semillas en la maceta azul

Halla el total. Usa cualquier método.

3 $48 + 6 = \square$

4 $39 + 4 = \square$

5 $77 + 7 = \square$

6 $85 + 9 = \square$

7 **Amplía tu razonamiento** Dibuja palitos de diez y círculos para mostrar el número que es 1 más que 89. Escribe el número.

☐

Nombre ____________________

Dibuja para mostrar cada número.

1. Hay 20 niños y niñas en un espectáculo.
Hay más niñas que niños.

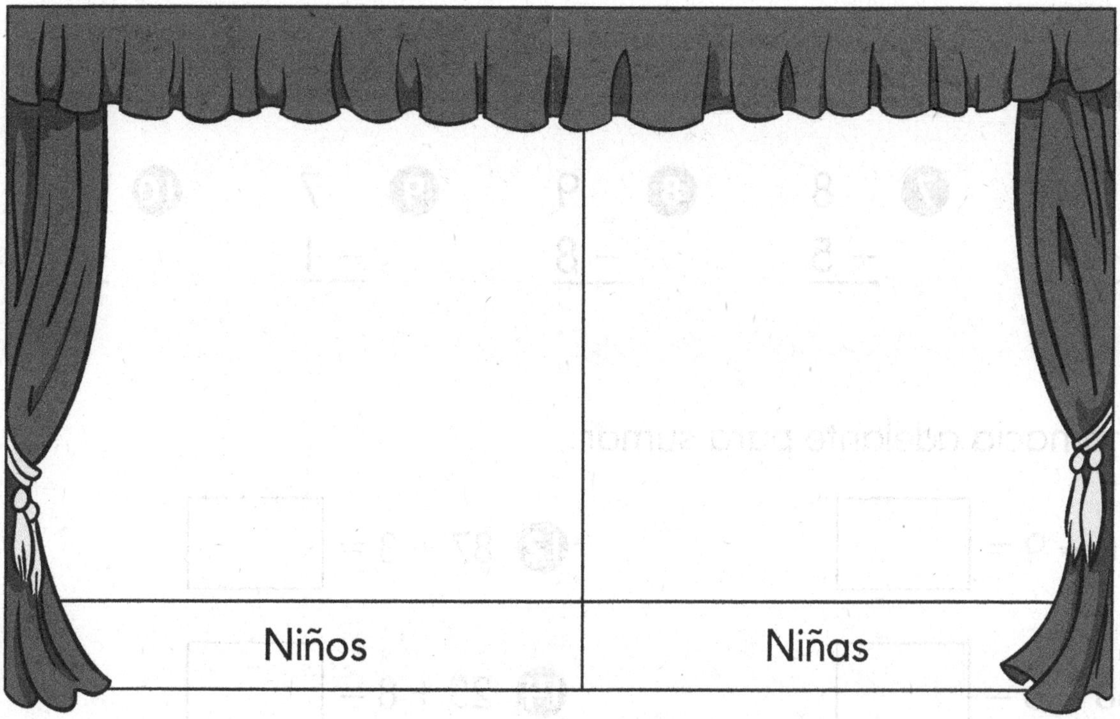

Escribe el número.

2. ¿Cuántos niños hay? ☐

3. ¿Cuántas niñas hay? ☐

Compara los números de dos maneras.

4. ☐ > ☐   ☐ < ☐

Nombre ______________________

Suma.

1. $4 + 3$
2. $6 + 2$
3. $8 + 1$
4. $5 + 5$
5. $2 + 4$

Resta.

6. $10 - 4$
7. $8 - 5$
8. $9 - 8$
9. $7 - 1$
10. $10 - 3$

Cuenta hacia adelante para sumar.

11. $20 + 9 = \square$
12. $87 + 3 = \square$
13. $68 + 6 = \square$
14. $25 + 8 = \square$
15. $\square = 79 + 6$
16. $\square = 56 + 5$

17. **Amplía tu razonamiento** Escribe un número mayor que 19 en el recuadro A. Escribe un número menor que 99 en el recuadro B. Compara tus números.

$\square \bigcirc \square$

Recuadro A Recuadro B

4-19
Haz la tarea

Nombre ____________________

Dibuja monedas para mostrar 25¢.

1. Usa monedas de 5¢.

2. Usa monedas de 25¢.

3. Usa monedas de 10¢ y monedas de 5¢.

Escribe cuántas hay de cada moneda.

4. 

18¢ Monedas de 10¢ ___ Monedas de 1¢ ___

5. 

59¢ Monedas de 10¢ ___ Monedas de 1¢ ___

6. 

37¢ Monedas de 10¢ ___ Monedas de 1¢ ___

Nombre ____________________

Resta y escribe la ecuación.

1 ○○○○○ ○○○○○

Resta 3

______ Ecuación

2 ○○○○○ ○○○○○

Resta 7

______ Ecuación

Compara los números.
Escribe <, > o =.

3 49 ○ 47	4 36 ○ 36	5 29 ○ 92
6 70 ○ 69	7 51 ○ 15	8 57 ○ 57

Halla la parte desconocida.

9 $6 + \square = 9$	10 $4 + \square = 6$	11 $3 + \square = 8$
12 $7 + \square = 10$	13 $1 + \square = 5$	14 $5 + \square = 7$

15 **Amplía tu razonamiento** Dibuja monedas para mostrar 42¢. Muestra dos respuestas.

Nombre ______________________

Resuelve los problemas. Escribe la cantidad usando ¢.

Muestra tu trabajo. Usa dibujos, números o palabras.

1. Tomas compró una calcomanía por 2 monedas de 10¢, 1 moneda de 5¢ y 4 monedas de 1¢. ¿Cuántos centavos pagó?

____

2. Kayla compró un brazalete por 3 monedas de 10¢, 3 monedas de 5¢ y 2 monedas de 1¢. ¿Cuántos centavos pagó?

____

3. Gabe tiene 3 monedas de 10¢, 2 monedas de 5¢ y 3 monedas de 1¢ en el bolsillo. ¿Cuántos centavos tiene?

____

4. Maddie tiene 2 monedas de 10¢, 3 monedas de 5¢ y 1 moneda de 1¢ en la cartera. ¿Cuántos centavos tiene?

____

4-20
Recuerda

Nombre ____________________

Escribe el número.

❶ 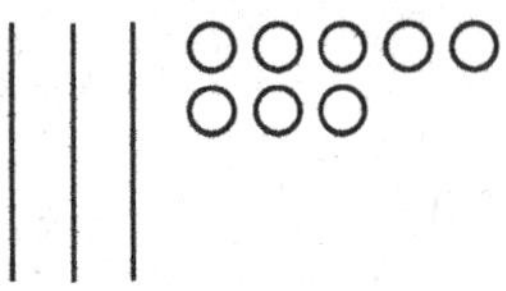 ☐

❷  ☐

Dibuja palitos de diez y círculos.

❸ 75

❹ 49

Usa un doble para hallar el total.

❺ 8 + 7 = ☐

❻ 6 + 7 = ☐

❼ 8 + 9 = ☐

❽ 7 + 5 = ☐

❾ 8 + 6 = ☐

❿ 9 + 7 = ☐

Escribe el siguiente número.

⓫ 18 | 19 | ☐

⓬ 58 | 59 | ☐

⓭ 38 | 39 | ☐

⓮ 28 | 29 | ☐

⓯ **Amplía tu razonamiento** Lily tiene 32 centavos en las manos. Tiene 2 monedas de 10¢ y 1 moneda de 5¢ en la mano derecha. ¿Qué monedas podría tener en la mano izquierda? Dibuja para mostrar tu trabajo.